T0298836

ضغوط العمل
وأثرها على الأداء

2

ضغوط العمل
وأثرها على الأداء الوظيفي

خالد عيادة نزال عليمات

بسم اللـه الرحمن الرحيم

حقوق الطبع محفوظة للناشر

الطبعة الأولى

1432هـ- 2011م

رقم الإيداع لدى دائرة المكتبة الوطنية (2010/6/2200)

352.6

عليمات ، خالد عيادة نزال

ضغوط العمل واثرها على الأداء / خالد عيادة نزال عليمات

عمان :دار الخليج ،2010

ر.أ:(2010/6/2200)

الواصفات :/العمل والعمال//والعمل والعمالة//ظروف العمل //إدارة الأفراد

تم إعداد بيانات الفهرسة والتصنيف الأولية من قبل دائرة المكتبة الوطنية

-يتحمل المؤلف كامل المسؤولية القانونية عن محتوى مصنفه ولا يعبر هذا المؤلف عن رأي دائرة المكتبة الوطنية أو أي جهة حكومية أخرى.

تلفاكس :00962 6 4647559

ص.ب. :184034 عمان 11118 الأردن

e-mail:daralkhalij@hotmail.com

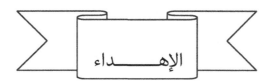

الإهــــداء

إلى روح والدي الذي علمني معنى الصبر وقيمة الإنجاز.......

إلى والدتي رمز الحب والحنان........

إلى أخواتي وإخواني رمز التضحية والكبرياء ....

إلى زوجتي وأبنائي الأعزاء.........

إلى كافة منتسبين وزارة الداخلية........

أهدي هذا الجهد المتواضع.

المحتويات

الفصل الأول
الإطار العام للدراسة

الفصل الثاني
الإطار النظري للدراسة

7

الفصل الثالث

الحكم الإداري في الأردن

الفصل الرابع

عرض وتحليل بيانات الدراسة الميدانية

9

مقدمة

لقي موضوع ضغوط العمل اهتماما متزايدا من قبل الباحثين في مجالات عدة لما له من انعكاسات سلبية على سلوك الموظفين واتجاهاتهم وأدائهم في العمل نتيجة التأثر بالمثيرات والمنبهات البيئية المختلفة، وهذه الضغوط جعلت الفرد يعيش في حالة قلق وتوتر وانفعال، مما اثر على صحته وجسده وبالتالي انعكس على مهام وظيفته وعلاقته مع العاملين في المنظمة ويأتي تزايد الاهتمام بموضوع ضغوط العمل من إدراك الأفراد والمنظمات جدوى دراستها وتحليلها ووضع الاستراتيجيات الملائمة لاحتوائها والسيطرة عليها، لما يرافقه بعض الآثار السلبية على الموظف والتنظيم الإداري.

وتأتي هذه الدراسة لتحديد مدى تأثير مسببات ضغوط العمل التنظيمية (عبء العمل، عملية اتخاذ القرارات، علاقات العمل، الاستقرار الوظيفي، بيئة العمل، الهيكل التنظيمي) وكذلك مدى تأثير مسببات ضغوط العمل الاجتماعية (الواسطة وجماعات الضغط والزيارات والاتصالات الشخصية) بالإضافة إلى اختلاف تأثير مسببات ضغوط العمل(التنظيمية-الاجتماعية) في مستوى أداء الحكام الإداريين في الأردن وفقا لخصائصهم الديمغرافية (المركز الوظيفي والعمر وسنوات الخبرة في وزارة الداخلية وسنوات الخبرة في مؤسسات أخرى والمؤهل

11

العلمي والتخصص)، نظراً لما تتطلبه طبيعة عمل الحاكم الإداري في الأردن من التنوع والشمول فيما يتخذه من قرارات في شتى المجالات، حيث يعتبر رئيس الإدارة العامة وأعلى سلطة تنفيذية في منطقة اختصاصه، ويتولى الأشراف على تنفيذ القوانين والأنظمة وممارسة الوظائف المخولة له بموجب القوانين والأنظمة، والمحافظة على حقوق الدولة والمواطنين.

وختاما فأن معرفة مدى تأثير مسببات ضغوط العمل على أداء الحكام الإداريين في الأردن والتي اعتمدت على المنهج العلمي الوصفي التحليلي والتحليلات الإحصائية ضمن دراسة ميدانية تم الخروج بنتائج وتوصيات قد تعد مساهمه متواضعة في الحد من الآثار السلبية الناجمة عن ضغوط العمل، ليتم مراعاتها في الخطط والسياسات المستقبلية الداعية لتطوير أداء الحكام الإداريين في الأردن كما أن ضغوط العمل ليست بضرورة ذات تأثيرات سلبية بل قد تكون في بعض الأحيان أكثر نفعا ومصدرا دافعا وحافزا لتحسين العمل و الأداء إذا ما أحسن الإداريون استغلالها.

الباحث

12

ملخص الدراسة

انبثقت أهمية الدراسة من طبيعة عمل الحاكم الإداري في الأردن، من حيث المهام والواجبات الموكولة إليه ومن أبرزها المحافظة على الأمن والنظام، وتوفير الخدمات الحياتية المختلفة في منطقة الاختصاص، الأمر الذي يجعل التعرف على ضغوط العمل التي يتعرض لها الحاكم الإداري ذات أهمية تستدعي البحث والدراسة.

واشتملت الدراسة على كافة الحكام الإداريين في الأردن من هم في رتبة (محافظ، متصرف، مدير قضاء) والبالغ عددهم (191) حاكما إداريا.

وقد هدفت الدراسة إلى قياس مدى تأثير ضغوط العمل التنظيمية في مجالات (عبء العمل، عملية اتخاذ القرارات، علاقات العمل، الاستقرار الوظيفي، بيئة العمل، الهيكل التنظيمي) وضغوط العمل الاجتماعية (الواسطة وجماعات الضغط والزيارات والاتصالات الشخصية) في مستوى أداء الحكام الإداريين في الأردن، كما هدفت إلى معرفة مدى اختلاف تأثير ضغوط العمل في مستوى أداء الحكام الإداريين في الأردن وفقا لخصائصهم الديمغرافية (المركز الوظيفي والعمر وسنوات الخبرة في وزارة الداخلية وسنوات الخبرة في مؤسسات أخرى والمؤهل العلمي والتخصص).

13

و لتحليل بيانات الدراسة، واختبار صحة فرضياتها، تم استخدام المعالجات الإحصائية الوصفية والكمية ومنها التكرارات والنسب المئوية والمتوسطات الحسابية والانحرافات المعيارية واختبار(ت) واختبار تحليل التباين الأحادي، ومعامل ارتباط سبيرمان.

ويمكن تلخيص ابرز النتائج التي توصلت إليها الدراسة بما يلي:-

1- وجود علاقة سلبية بين ضغوط العمل التنظيمية المتعلقة بـ (عبء العمل، عملية اتخاذ القرارات، الاستقرار الوظيفي، الهيكل التنظيمي) ومستوى أداء الحكام الإداريين.

2- عدم وجود علاقة ما بين ضغوط العمل التنظيمية في مجالي (علاقات العمل، وبيئة العمل) ومستوى أداء الحكام الإداريين في الأردن.

3- وجود علاقة سلبية بين ضغوط العمل الاجتماعية (الواسطة وجماعات الضغط والزيارات والاتصالات الشخصية) ومستوى أداء الحكام الإداريين.

4- عدم وجود اختلاف في تأثير ضغوط العمل في مستوى أداء الحكام الإداريين في الأردن تعزى إلى الخصائص الديمغرافية (المركز الوظيفي والعمر وسنوات الخبرة في وزارة الداخلية وسنوات الخبرة في مؤسسات أخرى والتخصص)، في حين هنالك اختلاف يعزى للمؤهل العلمي.

وعلى ضوء هذه النتائج أوصى الباحث بضرورة معالجة كثرة الأعمال والمهمات من خلال تطوير وتبسيط إجراءات وأساليب العمل،

14

وإعادة النظر بالتشريعات التي تحكم عمل الحاكم الإداري، وتحسين سلم الرواتب والحوافز، وإعادة النظر بأنظمة تقييم الأداء المتبعة، والتخفيف من المركزية في اتخاذ القرارات، وزيادة نسبة تفويض الصلاحيات، وانتهاج مبدأ المشاركة في اتخاذ القرارات، والحد من الوساطات والزيارات والاتصالات الشخصية من خلال اعتماد مكاتب خدمات الجمهور في المراكز الإدارية.

16

الفصل الأول
الإطار العام للدراسة

- مقدمة

يواجه الإنسان خلال حياته العديد من المخاطر والتهديدات والضغوط التي يجب أن يتعامل معها بفعالية للحد من أثارها الضارة. فإنسان ما قبل التاريخ كان مهددا بقسوة البيئة التي كان يعيش فيها وتقلباتها الجوية، والتعرض لهجمات الوحوش المفترسة، وكان عليه إما أن يتعامل معها مباشرة أو أن يهرب منها لحماية نفسه، وفي العصور الوسطى أصبحت الأمراض والمجاعات هي المصادر الرئيسية التي تهدد الإنسان، فكان عليه أن يكد ويعمل، ويحاول أن يكتشف أساليب التغلب على هذه التهديدات، وقد استطاع الإنسان أن ينجح في مواجهة بعض التحديات البيئية والتغلب عليها لتفادي أثارها المدمرة لجسمه وعقله. فأمكن من خلال عمليات التحضر والتقدم العلمي حل المشاكل القديمة التي عاني منها الإنسان، ألا أن هذا التقدم والتحضر قد خلق بدوره أشكالا جديدة من المخاطر والتهديدات التي لم تعد ذات طبيعة مادية، وإنما أصبحت تمثل تهديدات اجتماعية ونفسية.

وإنسان اليوم يعيش في بيئة تتسم بالتغيير السريع والمستمر الذي يصعب ملاحقته في كافة المجالات، فشاهدنا خلال السنوات الثلاثين الماضية انتشار الأقمار الصناعية وهبوط الإنسان على سطح القمر، وثورة

المعلومات، وتعاظم المعارف، والتطور الهائل في وسائل الاتصال والأعلام، فجعلتنا مثقلين بأخبار الأحداث، والمشاكل العالمية، إننا نعيش عصرا يطلق عليه العديد من المسميات فهو عصر "اللاستمرارية" عند بيتر دروكر، وعصر "عدم التاكد" عند الاقتصادي جون جلبرث وعصر "صدمة المستقبل" عند الكاتب الفيلسوف الفن توفلر وعصر "القرية العالمية" عند مارشل ماكلوهان الباحث في وسائل الأعلام وغيرها من المسميات مثل عصر الفضاء وعصر الكمبيوتر ويمكن أن يطلق عليه عصر الضغط، حيث أن كارك البرخت يعتبر الضغط هو مرض القرن العشرين [1].

ومن هنا لقي موضوع ضغوط العمل اهتماما متزايدا من قبل الباحثين في مجالات عدة لما له من انعكاسات سلبية على سلوك الأفراد واتجاهاتهم وأدائهم في العمل نتيجة.

التأثر بالمثيرات والمنبهات البيئية المختلفة، وهذه الضغوط جعلت الفرد يعيش في حالة قلق وتوتر وانفعال، مما اثر على صحته وجسده وبالتالي انعكس على مهام وظيفته وعلاقته مع العاملين في المنظمة. وتأتي هذه الدراسة لتحديد تأثير مسببات ضغوط العمل التي يتعرض لها الحكام الإداريين في الأردن على مستوى أدائهم، وذلك بسبب تعرضهم لحالات من الاضطراب والقلق والخوف والإحباط الذي قد يؤثر على حالتهم الصحية والنفسية والفكرية والسلوكية، وبالتالي قد

---

1 -لطفي راشد، "نحو إطار شامل لتفسير ضغوط العمل وكيفية مواجهتها "، الإدارة العامة، معهد الإدارة العامة، الرياض، العدد 75، 1992، ص 69-95.

ينعكس على مستوى أدائهم في العمل نظراً لما تتطلبه طبيعة عمل الحاكم الإداري في الأردن من التنوع والشمول فيما يتخذه من قرارات في شتى المجالات، حيث يعتبر رئيس الإدارة العامة وأعلى سلطة تنفيذية في منطقة اختصاصه، ويتولى الأشراف على تنفيذ القوانين والأنظمة وممارسة الوظائف المخولة له، والمحافظة على حقوق الدولة والمواطنين.

وختاما فإن وجود مستوى معين من الضغوط لا يشكل ظاهرة مقلقة أو غير طبيعية، ولكن ارتفاع مستوى الضغوط قد يرافقه بعض الآثار السلبية على الفرد والتنظيم، وأن ضغوط العمل ليست بضرورة ذات تأثيرات سلبية بل قد تكون في بعض الأحيان أكثر نفعا ومصدرا دافعا وحافزا لتحسين العمل والأداء إذا ما أحسن الإداريون استغلالها.

- أهمية الدراسة

تنبع أهمية الدراسة من الأمور التالية:

1- تزايد الاهتمام بموضوع ضغوط العمل، وإدراك الأفراد والمنظمات جدوى دراستها وتحليلها ووضع الاستراتيجيات الملائمة لاحتوائها والسيطرة عليها، لما يرافقه بعض الآثار السلبية على الفرد والتنظيم.

2- معرفة العوامل والأسباب التي تؤدي إلى ضغوط العمل، والآثار الناجمة عنها وسبل إدارتها والحد منها ليتم مراعاتها من قبل وزارة الداخلية في الخطط والسياسات المستقبلية الداعية لتطوير وتحسين أداء الحكام الإداريين في الأردن.

3-قلة الأبحاث النظرية والتطبيقية في مجال ضغوط العمل وبالتالي يؤمل أن تشكل هذه الدراسة إضافة علمية وعملية مناسبة لسد بعض الفراغ الموجود في أدبيات الإدارة العربية في هذا المجال.

4-يعتبر البحث الأول (في حدود علم الباحث) الذي يتناول تأثير مسببات ضغوط العمل (التنظيمية-الاجتماعية) في مستوى أداء الحكام الإداريين في الأردن.

- أهداف الدراسة

تسعى الدراسة إلى تحقيق الأهداف التالية:-

1-التعرف على الخلفية النظرية لضغوط العمل ومصادرها والآثار الناجمة عنها وأساليب التعامل معها.

2-التعرف على مدى تأثير مسببات ضغوط العمل التنظيمية (عبء العمل، عملية اتخاذ القرارات، علاقات العمل، الاستقرار الوظيفي، بيئة العمل، الهيكل التنظيمي) في مستوى أداء الحكام الإداريين في الأردن.

3-التعرف على مدى تأثير مسببات ضغوط العمل الاجتماعية (الواسطة وجماعات الضغط والزيارات والاتصالات الشخصية) في مستوى أداء الحكام الإداريين في الأردن.

4- التعرف على مدى اختلاف تأثير متغيرات ضغوط العمل (التنظيمية-الاجتماعية) في مستوى أداء الحكام الإداريين في الأردن باختلاف خصائصهم الديمغرافية (المركز الوظيفي والعمر

وسنوات الخبرة في وزارة الداخلية وسنوات الخبرة في مؤسسات أخرى والمؤهل العلمي والتخصص).

5-الخروج بنتائج وتوصيات قد تسهم في الحد من الآثار السلبية الناجمة عـن ضـغوط العمل، ليتم مراعاتها في الخطط والسياسات المستقبلية الداعية لتطوير أداء الحكـام الإداريين في الأردن.

- مشكلة الدراسة

أن التغيرات المتسارعة هي سمة هذا العصر، والنتيجة الحتمية هي تعرض العاملين في المنظمات لمستويات مختلفة من ضغوط العمل وتوتراته التي تترك عادة آثارا نفسية واجتماعية على العاملين وعلى المنظمة والتي قد تنعكس سلباً على مستوى أدائهم، ومن هنا جاءت فكرة القيام بهذه الدراسة نظراً لكون الباحث يعمل موظفا في وزارة الداخلية ومن خلال معايشة الباحث للحكام الإداريين والإحساس بمدى الضغوط التي يتعرضون لها أثناء قيامهم بواجباتهم الوظيفية، والتي تؤدي في اغلب الأحوال إلى حالات من الاضطراب والقلق والإحباط مما يؤثر سلبا على حالتهم النفسية والصحية والسلوكية، وبالتالي قد ينعكس على مستوى أدائهم في العمل، وتكمن مشكلة الدراسة في الإجابة عن الأسئلة الآتية:-

-ما هي ضغوط العمل ومصادرها وتأثيراتها وأساليب التعامل معها؟

-ما مدى تأثير مسببات ضغوط العمل التنظيمية (عبء العمل، عملية اتخاذ القرارات، علاقات العمل، الاستقرار الوظيفي، بيئة العمل، الهيكل التنظيمي) في مستوى أداء الحكام الإداريين؟

21

-ما مدى تأثير مسببات ضغوط العمل الاجتماعية (الواسطة وجماعات الضغط والزيارات والاتصالات الشخصية) في مستوى أداء الحكام الإداريين في الأردن ؟

- هل يختلف تأثير مسببات ضغوط العمل(التنظيمية-الاجتماعية) في مستوى أداء الحكام الإداريين في الأردن وفقا لخصائصهم الديمغرافية (المركز الوظيفي والعمر وسنوات الخبرة في وزارة الداخلية وسنوات الخبرة في مؤسسات أخرى والمؤهل العلمي والتخصص)؟

- فرضيات الدراسة

الفرضية الأولى: توجد علاقة ذات دلالة إحصائية بين مسببات ضغوط العمل التنظيمية ومستوى أداء الحكام الإداريين في الأردن.

وهذه الفرضية الرئيسية يتفرع منها الفرضيات الفرعية التالية:-

1-توجد علاقة ذات دلالة إحصائية بين ضغوط عبء العمل ومستوى أداء الحكام الإداريين.

2-توجد علاقة ذات دلالة إحصائية بين عملية اتخاذ القرارات ومستوى أداء الحكام الإداريين.

3-توجد علاقة ذات دلالة إحصائية بين ضغوط علاقات العمل ومستوى أداء الحكام الإداريين.

4-توجد علاقة ذات دلالة إحصائية بين الاستقرار الوظيفي ومستوى أداء الحكام الإداريين.

5-توجـد علاقـة ذات دلالـة إحصـائية بـين ضـغوط بيئـة العمـل ومسـتوى أداء الحكـام الإداريين.

6-توجد علاقة ذات دلالة إحصائية بين ضغوط الهيكـل التنظيمـي ومسـتوى أداء الحكـام الإداريين.

الفرضية الثانية:توجد علاقة ذات دلالة إحصائية بين مسببات ضغوط العمل الاجتماعية مثل (الواسطة وجماعات الضغط والزيارات والاتصالات الشخصية) ومستوى أداء الحكام الإداريين في الأردن.

الفرضية الثالثة: توجد فروق ذات دلالة إحصائية لتأثير ضغوط العمل (التنظيمية-الاجتماعية) ومستوى أداء الحكام الإداريين والتي تعـزى لخصائصـهم الديمغرافيـة (المركز الوظيفي والعمر وسنوات الخبرة في وزارة الداخلية وسـنوات الخبرة في مؤسسـات أخـرى والمؤهل العلمي والتخصص).

- التعريفات الإجرائية

-**الحـاكم الإداري:** رئيس الإدارة العامـة في منطقـة اختصاصـه، ويمثل السـلطة التنفيذيـة ويقوم على تنفيذ القوانين والأنظمة يشـمل التعريـف (محـافظ - متصرف - مـدير قضاء).

-**ضغوط العمل:** هـي التأثيرات الداخليـة لـدى الحاكم الإداري والناجمة عـن التفاعـل بـين العوامل التنظيمية والاجتماعية والمكونـات الشخصية لـه، والتـي تـؤدي إلى اضـطرابات صحية ونفسية وفكرية وسلوكية، مما يؤدي به إلى الانحراف عـن مسـار الأداء الطبيعي لمهماته.

العوامل التنظيمية: ويتضمن هذا المتغير العوامل الأساسية التالية:(عبء العمل، عملية اتخاذ القرارات، علاقات العمل، الاستقرار الوظيفي، بيئة العمل، الهيكل التنظيمي).

-العوامل الاجتماعية: ويتضمن هذا المتغير (الواسطة وجماعات الضغط والزيارات والاتصالات الشخصية).

-العوامل الشخصية: ويتضمن هذا المتغير(المركز الوظيفي، العمر، سنوات الخبرة في وزارة الداخلية، سنوات الخبرة في مؤسسات أخرى، المؤهل العلمي، التخصص).

-الأثر: تلك النتيجة التي يتركها المتغير المستقل بالمتغير التابع.

-الأداء: إنجاز الحاكم الإداري مهامه وواجباته بنجاح .

-عبئ العمل:زيادة المهام الملقاة على عاتق الحاكم الإداري، وأن بعض- هذه المهام تتطلب قدرات ومهارات معينة لأدائها.

-علاقات العمل:العلاقات التي ترتبط الحاكم الإداري بغيره أثناء تأديته لوظيفته وتشمل الرؤساء والمرؤوسين والزملاء ومديري الدوائر في منطقة الاختصاص.

-بيئة العمل المادية: وتشتمل تجهيزات مكان العمل من حيث الإضاءة والتهوية والتقنيات وما شابه ذلك.

- متغيرات الدراسة

تشتمل هذه الدراسة المتغيرات التالية:-

أولا: المتغيرات المستقلة:وتشتمل على متغيرات ضغوط العمل الناجمة عن المجالات التالية:-

أ-العوامل التنظيمية وتشتمل:-

-عبء العمل

-عملية اتخاذ القرارات

-علاقات العمل

-الاستقرار الوظيفي

-بيئة العمل

-الهيكل التنظيمي

ب-العوامل الاجتماعية وتشمل:(الواسطة وجماعات الضغط والزيارات والاتصالات الشخصية).

ج-الخصائص الديمغرافية:-

1-المركز الوظيفي

2-العمر

3-سنوات الخبرة في وزارة الداخلية.

4-سنوات الخبرة في مؤسسات أخرى

25

5-المؤهل العلمي

6-التخصص

ثانياً: المتغير التابع: أداء الحكام الإداريين في الأردن.

ويمثل الشكل رقم (1-1) العلاقة ما بين المتغيرات المستقلة والمتغير التابع.

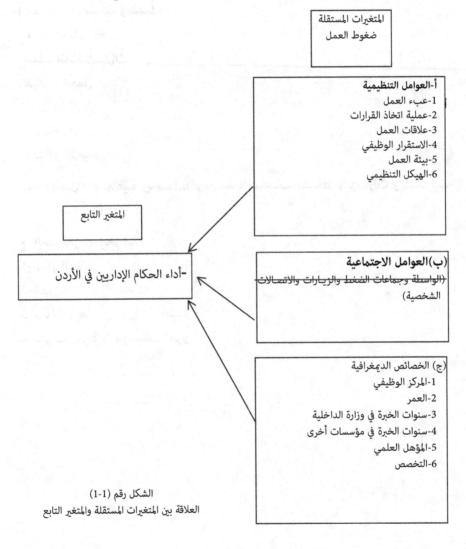

الشكل رقم (1-1)
العلاقة بين المتغيرات المستقلة والمتغير التابع

26

- الدراسات السابقة

تزخر أدبيات الإدارة في الغرب بالدراسات الميدانية التي تعرضت لضغوط العمل في كافة المجالات الوظيفية، وحللت آثارها على مستوى الأفراد والمنظمات، ألا أن أدبيات الإدارة العربية تتصف بقلة الدراسات التي عالجت هذا الموضوع.

ومن أهم الدراسات التي تعرضت لضغوط العمل في أدبيات الإدارة العربية والأجنبية ما يلي :-

أ- الدراسات العربية

1-دراسة (زياد المعشر،2003) بعنوان "قياس وتحليل الولاء التنظيمي وضغوط العمل في الإدارات الحكومية في محافظات الشمال في الأردن"[1]، وقد أجريت الدراسة على عينة مكونه من (930) موظفا من العاملين في الإدارات الحكومية في محافظات الشمال في الأردن وقد خلصت الدراسة إلى وجود علاقة سلبية بين مستوى ضغوط العمل المتعلق بصراع الدور وغموض الدور ومستوى الولاء التنظيمي، بحيث كلما ارتفع مستوى ضغوط العمل قل مستوى الولاء التنظيمي، وان مستوى غموض الدور كان أعلى لدى الموظفين من حملة الشهادات الجامعية منه ممن لا يحملون مؤهلا جامعيا، وان مستوى صراع الدور

---

1 - زياد المعشر، "قياس وتحليل الولاء التنظيمي وضغوط العمل في الإدارات الحكومية في محافظات الشمال في الأردن" **دراسات العلوم الإدارية**، الجامعة الأردنية، عمان، المجلد 30، العدد 1، 2003، ص ص 164-182.

كان أعلى لدى فئة الموظفين الذين يشغلون وظيفة رئيس قسم منه لدى باقي زملائهم، وأوصت الدراسة بمنح الموظفين حوافز وامتيازات ترتبط بمساهماتهم وإنجازاتهم للحيلولة دون تركهم لإعمالهم وزيادة مستوى ولائهم للتنظيم، وإعطاء الموظفين مسؤوليات محددة وواضحة وأعلامهم بها حتى يكونو على دراية بما هو مطلوب منهم، ويحددون سلطاتهم لتنفيذ هذه المسؤوليات بكفاءة، والعمل على تحسين المناخ التنظيمي المرتبط بانخفاض الروح المعنوية للعاملين، وعدم الدقة في اتخاذ القرارات.

2-دراسة (مراد الكاساني، 2001) بعنوان "اثر ضغوط الوظيفة على الولاء التنظيمي "[1]

هدفت إلى التعرف على اثر ضغوط الوظيفة التي يشعر بها المعلمون في المدارس الحكومية في محافظة الزرقاء على ولائهم التنظيمي، كما هدفت إلى التعرف على تأثير اثر المتغيرات الشخصية والاجتماعية على الولاء التنظيمي، وقد تكونت عينة الدراسة من (360) معلما يعملون في المدارس الحكومية في محافظة الزرقاء، وخلصت الدراسة إلى أن ضغوط الوظيفة تؤثر على الولاء التنظيمي في مجالات (طبيعة المهنة والحوافز وعلاقات العمل) بدرجة متوسطة في حين يؤثر مجال ظروف العمل المادية بدرجة عالية،

1 - مراد الكاساني، "اثر ضغوط الوظيفة على الولاء التنظيمي: دراسة حالة معلمي المدارس الحكومية في محافظة الزرقاء"، رسالة ماجستير غير منشورة، كلية الاقتصاد والعلوم الإدارية، جامعة آل البيت، المفرق، الأردن، 2001.

وكما بينت الدراسة بان هنالك فروق ذات دلالة إحصائية تعزى لمتغيرات (الجنس والعمر والحالة الاجتماعية والخبرة) بين أفراد عينة الدراسة، وعدم وجود فروق تعزى للمؤهل العلمي.

وأوصت الدراسة بضرورة توفير ظروف العمل المادية الجيدة للمعلمين، والتخفيف من عبء العمل، ووضع السياسات والقوانين الخاصة برفع المكانة الاجتماعية لمهنة التعليم، وتشجيع الرحلات الجماعية بين المعلمين بهدف تخفيف ضغوط الوظيفة على المعلمين وزيادة ولائهم التنظيمي.

3- دراسة (عقلة مبيضين وربحي الحسن ،2000) بعنوان "ضغوط العمل التي يواجهها موظفو الشؤون المالية في الإدارة المالية العامة الأردنية"[1]، هدفت إلى تحليل ضغوط العمل التي يواجهها موظفو الشؤون المالية أثناء إنجازهم أعمالهم، وقد اشتملت عينة الدراسة (24) وزارة ودائرة مركزية حكومية تدخل موازنتها ضمن الموازنة العامة للدولة، وقد خلصت الدراسة أن موظفو الشؤون المالية والمحاسبية في جهاز الخدمة المدنية الأردني يواجهون ضغوط عمل اكثر من تلك التي يواجهها غيرهم من الموظفين وان هذه الضغوط تختلف بطبيعتها عن تلك التي يتعرض لها بقية

---

1 - عقلة مبيضين وربحي الحسن، "ضغوط العمل التي يواجهها موظفو الشؤون المالية في الإدارة المالية العامة الأردنية"، **مجلة أبحاث اليرموك**، سلسلة العلوم الإنسانية والاجتماعية، المجلد 16، العدد 3 ،2000، ص ص 145-181.

الموظفين، وقد أظهرت الدراسة أن أهم مسببات ضغوط العمل التي يواجهها موظفو الشؤون المالية هي جمود الإجراءات والتشريعات والعوامل السلوكية(الدافعية) والاجتماعية (الواسطة والمحسوبية)، كما بينت الدراسة معاناة العاملون في الشؤون المالية من توتر وقلق ناجم عن العوامل المرتبطة بالتنظيم وحجم العمل وطبيعة العمل وحجم المسؤولية وضعف حوافز العمل والعلاقات الاجتماعية وتدخل الرؤساء، مما يؤثر على صحتهم الجسدية والنفسية، وان هنالك تباين في مستوى ضغوط العمل تعزى لمتغيرات الجنس والمستوى الوظيفي والمؤهل العلمي والتخصص وسنوات الخبرة والعمر، وان فئة الموظفين في المستويات الدنيا اكثر الفئات شعورا بضغط العمل، وقد تضمنت الدراسة عدة توصيات أهمها إعادة النظر في التشريعات المالية والمحاسبية لتحديد الصلاحيات والمسؤوليات بوضوح وإدخال التقنيات الحديثة وتدريب الموظفين عليها وإعادة النظر في الرواتب والحوافز.

4-دراسة(عواطف الشديفات،1999) بعنوان "ضغوط العمل وأثرها على أداء القيادات الإشرافية في مديريات التربية والتعليم في محافظة اربد"[1]، هدفت إلى قياس اثر ضغوط العمل التنظيمية في المجالات

---

1 - عواطف الشديفات، "ضغوط العمل وأثرها على أداء القيادات الإشرافية في مديريات التربية والتعليم في محافظة اربد"، رسالة ماجستير غير منشورة، كلية الاقتصاد والعلوم الإدارية، جامعة آل البيت، المفرق، الأردن، 1999.

(ظروف العمل، العمليات التنظيمية، البناء التنظيمي، السياسات الإدارية) التي تواجه القياديين في مديريات التربية التعليم في محافظة اربد، كما هدفت الدراسة إلى تحديد مدى تأثير تلك الضغوط على أداء هؤلاء القياديين، وقد تكونت عينة الدراسة مــن (315) قيادي من مختلف المستويات القيادية.

وأظهرت نتائج الدراسة أن مستوى ضغوط العمل التي تواجه القياديين متوسطة وتم ترتيبها تنازليا حسب الأهمية (العمليات التنظيمية – السياسات الإدارية – البناء التنظيمي -ظروف العمل)، كما تبين وجود فروق ذات دلالة إحصائية في مستوى شعور القياديين وبين ضغوط العمل الناتجة عن المسببات التنظيمية والتي تعزى للعمر والجنس والمستوى الوظيفي لأفراد عينة الدراسة، في حين بينت النتائج عدم وجود فروق تعزى للحالة الاجتماعية والنشأة الاجتماعية وسنوات الخدمة، أما بالنسبة لتأثير هذه المجالات على مستوى الأداء القياديين، فقد تبين أن مسببات ضغوط العمل التنظيمية في المجالات الأربعة تؤثر سلبا على مستوى أداء القياديين وان العلاقة ما بين المجالات الأربعة والأداء علاقة ارتباط موجبة وذات دلالة إحصائية.

وأوصت الدراسة بضرورة اتباع عددا من الاستراتيجيات التي يمكن لوزارة التربية والتعليم والقياديين أن يتبعوها من أجل مكافحة ضغوط العمل أو الحد من آثارها مثل إعادة النظر بنظام تقييم الأداء والحوافز والتخفيف من المركزية في اتخاذ القرارات وان يتم تعين القيادي حسب مبدأ الجدارة.

5-دراسة(علي العضايلة،1999) بعنوان "دراسة تحليلية لضغوط العمل لدى العاملين في الشركات العامة الكبرى في جنوب الأردن "[1]، هدفت إلى التعرف على مصادر ضغوط العمل لدى العاملين في ثلاثة من كبريات الشركات الأردنية في جنوب الأردن باستخدام عينه بلغت بلغت(298) مشاركا من مختلف المستويات الوظيفية في الشركات العامة الثلاثة، حيث بينت نتائج الدراسة إلى وجود اثر ذي دلالة إحصائية لمتغيرات(نوع الوظيفة، العمر، الخبرة) ومستوى ضغط العمل الكلي والى عدم وجود اثر لمتغيري (الحالة الاجتماعية ودرجة التأهيل العلمي)، وقد أوصت الدراسة بإجراء مزيد من البحوث والدراسات التي تشمل متغيرات أخرى لم ترد في الدراسة مثل مستوى الراتب والهيكل التنظيمي والظروف العائلية والعمل على تحسين إجراءات العمل والاهتمام بأنظمة الترقية ووضع الأسس والقواعد التي تضمن العدالة لجميع العاملين.

6-دراسة (محمد الزعبي ،1997) بعنوان "ضغوط العمل لدى المديرين في جهاز الخدمة المدنية في عمان الكبرى "[2]، هدفت الدراسة إلى التعرف على ضغوط العمل التي يعاني منها المديرون في جهاز الخدمة المدنية في عمان الكبرى وتحديد مصادرها وأساليب تخفيف آثارها السلبية على

1 - علي العضايلة، "دراسة تحليلية لضغوط العمل لدى العاملين في الشركات العامة الكبرى في جنوب الأردن"، **مجلة مؤتة للبحوث والدراسات**، المجلد 14، العدد 7 ،1999، ص ص 113-145.

2 - محمد الزعبي، "ضغوط العمل لدى المديرين في جهاز الخدمة المدنية في عمان الكبرى"، رسالة ماجتسير غير منشورة، كلية الدراسات العليا، الجامعة الأردنية، عمان، 1997.

المستويين الفردي والتنظيمي، وقد اشتملت عينة الدراسة على (518) مديرا في عمان الكبرى، وكان من ابرز نتائجها أن المديرين على مستوى عال من الإدراك لضغوط العمل وان لمجموعة العوامل التنظيمية (كظروف الدور والنمو والاستقرار الوظيفي واتخاذ القرارات وعبئ العمل) والعوامل الاجتماعية وبعض العوامل الشخصية أثراً في معاناة المديرين لمستويات مختلفة من ضغوط العمل وأن كل من العوامل التنظيمية والعوامل الاجتماعية يعد سببا في ظهور الأخرى أحيانا إضافة إلى خلو التشريعات في الوظيفة العامة في الأردن من سياسات أو أساليب للتعامل مع مصادر ضغوط العمل وتخفيف آثارها السلبية.

وأوصى الباحث بضرورة ايلاء العوامل التنظيمية أهمية خاصة في التشريعات وانتهاج المشاركة في عملية اتخاذ القرارات والاهتمام بالعلاقات الإنسانية بين المديرين رؤساء ومرؤوسين، بالإضافة إلى اتباع سياسات محددة تكفل تكريس الوقت الرسمي للمدير لإنجاز إعماله الرسمية والتزام المديرين بأخلاقيات الوظيفة العامة.

7-دراسة(عبد الرحيم المير،1995) بعنوان "العلاقة بين ضغوط العمل وبين الولاء والتنظيمي والأداء والرضا الوظيفي والصفات الشخصية: دراسة مقارنة "[1]، هدفت إلى قياس ومقارنة مستويات صراع الدور

---

1 - عبد الرحيم المير، "العلاقة بين ضغوط العمل وبين الولاء التنظيمي والأداء والرضا الوظيفي والصفات الشخصية: دراسة مقارنة "، **الإدارة العامة**، معهد الإدارة العامة، الرياض، المجلد 35، العدد2، 1995، ص ص 207-252.

وغموض الدور والولاء التنظيمي والأداء الوظيفي والرضا الوظيفي وقد أجريت الدراسة على عينة مكونه من (200) فرد من الناطقين باللغة الإنجليزية والذين يقومون بمهام إدارية ويعملون في عدد من المنشآت في المملكة العربية السعودية، وقد تم تصنيف المشاركين إلى أربع مجموعات(المجموعة السعودية، المجموعة العربية، المجموعة الأسيوية، المجموعة الغربية)، كما هدفت الدراسة إلى مقارنة طبيعة العلاقة الارتباطية بين المتغيرات السالفة الذكر وبين الصفات الشخصية (العمر، مدة الخدمة في الوظيفة الحالية، طبيعة الوظيفة، والحالة الاجتماعية) لأفراد المجموعات الأربع، وخلصت الدراسة إلى أن هناك فروقاً جوهرية وذات دلالة إحصائية في متوسطات كل من صراع الدور وغموض الدور والولاء التنظيمي بين أفراد المجموعات الأربع بينما لا توجد فروق إحصائية في مستوى الرضا الوظيفي لأفراد المجموعات، كما دلت النتائج إلى وجود فروق جوهرية ذات دلالة إحصائية في مستوى الأداء الوظيفي بين أفراد المجموعة السعودية وبين المجموعات الأخرى(العربية والآسيوية والغربية) وأن مستوى الأداء الوظيفي لأفراد المجموعة العربية أعلى من مستوى الأداء الوظيفي لأفراد المجموعات الأخرى (السعودية والغربية والآسيوية) أما طبيعة العلاقة بين الصفات الشخصية وضغوط العمل والآثار المترتبة عليها فان النتائج تشير إلى وجود بعض الاختلافات بين المجموعات.

8-دراسة (وفية الهنداوي،1994) بعنوان "استراتيجيات التعامل مع ضغوط العمل"[1]، هدفت الدراسة إلى إلقاء الضوء على مكونات ومصادر ضغوط العمل والنتائج والآثار المترتبة على تلك الضغوط، كما هدفت إلى قياس العلاقة بين متغيرات ضغط العمل وثلاثة متغيرات مستقلة هي(الجنسية والوظيفة والعمر)، وأجريت الدراسة على عينة مكونه من (400) شخص من العاملين بالمجال الصحي بمدينة الرياض، وكان من ابرز نتائج الدراسة أختلاف أدراك الأفراد لمسببات ضغوط العمل الناتجة عن عبء العمل وطبيعة العمل والسياسات التنظيمية ونظم تقييم الأداء المتبعة وتعارض الدور والمستقبل الوظيفي باختلاف جنسياتهم، وطبيعة وظائفهم، وفئات أعمارهم، حيث تبين أن الأفراد من الجنسيات العربية والعاملين بالقطاع الصحي يشعرون بمستوى من ضغط العمل أعلى مما يشعر به السعوديون العاملين في نفس القطاع وان العاملين بوظائف التمريض يشعرون بمستوى أعلى مما يشعر به العاملون بالوظائف الطبية الأخرى، وان صغار السن يشعرون بمستوى من ضغط العمل اكبر مما يشعر به كبار السن بنفس القطاع، ووضعت الدراسة عددا من الاستراتيجيات العامة المتاحة لتعامل مع مشكلة ضغوط العمل

---

1 - وفية الهنداوي، "استراتيجيات التعامل مع ضغوط العمل"، الإداري، مسقط، العدد 58، 1994، ص 89-132.

والآثار السلبية المترتبة عليها سواء أكان على المستوى الفردي أو على مستوى المنظمة ككل.

9-دراسة (نائل العواملة،1994) بعنوان "تحليل ظاهرة الإجهاد لدى المديرين في الخدمة المدنية في الأردن "[1]، أجريت هذه الدراسة على عينة طبقية عشوائية تألفت من(431) مديرا في مختلف المستويات التنظيمية العليا والوسطى والدنيا في الوزارات والدوائر المركزية في الأردن وكان من ابرز نتائجها ارتفاع مستوى الإجهاد لدى المديرين في الخدمة المدنية في الأردن، حيث احتلت المصادر التنظيمية للإجهاد المرتبة الأولى بين مختلف مصادره تلتها في المرتبة الثانية المصادر البيئية ثم المصادر الشخصية أخيرا من ناحية الأهمية النسبية لكل منها، كما بينت الدراسة أن تعزيز الجوانب الإنسانية وتطويرها كان من أهم العوامل المساعدة في تخفيف الإجهاد لدى المديرين في الخدمة المدنية في الأردن، وأوصت الدراسة بضرورة إجراء المزيد من الدراسات حول موضوع الإجهاد واهتمام المسؤولين به من خلال تحسين مختلف الجوانب التنظيمية وعقد الدورات التدريبية والمؤتمرات والندوات العلمية في هذا المجال.

10-دراسة (لطفي راشد،1992) بعنوان "نحو إطار شامل لتفسير ضغوط العمل وكيفية مواجهتها "[2]، هدفت إلى التعرف على مفهوم

---

1 - نائل العواملة، "تحليل ظاهرة الإجهاد لدى المديرين في الخدمة المدنية في الأردن"، مجلة أبحاث اليرموك، سلسلة العلوم الإنسانية والاجتماعية، المجلد 10، العدد 4، 1994، ص ص 67-92.
2 - لطفي، "نحو إطار شامل لتفسير ضغوط العمل وكيفية مواجهتها "، مرجع سابق، ص ص 69-95.

ضغوط العمل ومسبباته والأثار الناجمة عنه واستراتيجيات التعامل معه وبينت الدراسة بان هنالك ثلاثة اتجاهات لهذا المفهوم وهي(المثير-والاستجابة-والتفاعل) وهنالك ست مجموعات تعتبر من أهم مسببات ومصادر ضغوط العمل وهي مطالب المنظمة، مطالب العمل، مطالب الدور، مطالب ظروف العمل، مطالب المهنة، مطالب العلاقات مع الأفراد، كما بينت الدراسة أهم النتائج والآثار التي تحدثها هذه الظاهرة على كل من الأفراد والمنظمات، إضافة إلى أن هنالك التكاليف مباشرة والتكاليف غير مباشرة لضغوط العمل تتحملها المنظمة، وأوصت الدراسة باتباع عدداً من الاستراتيجيات من أجل التخفيف من حدة ضغوط العمل والتعامل معها بفعالية.

11- دراسة(مؤيد السالم،1991) بعنوان "التوتر التنظيمي: مفاهيمه وأسبابه واستراتيجيات إدارته "[1]، هدفت إلى التعرف على مفاهيم التوتر التنظيمي وخصائصه ومصادره المتعلقة بطبيعة العمل وظروفه والفرد والأدوار التي يمارسها والعلاقات العديدة التي يرتبط بها داخل المنظمة إلى جانب الأسباب المنبثقة عن هيكل المنظمة ومناخها التنظيمي، كما تطرقت الدراسة إلى أهم نتائج التوتر التنظيمي على مستوى الفرد والمنظمة وخلصت الدراسة إلى وضع

1 - مؤيد السالم، "التوتر التنظيمي: مفاهيمه وأسبابه واستراتيجيات إدارته"، **الإدارة العامة**، معهد الإدارة العامة، الرياض، العدد 1991،68، ص ص 79-95.

استراتيجيات لإدارة التوتر التنظيمي حيث تم تصنيفها إلى استراتيجيات قصيرة المدى وأخرى طويلة المدى.

12-دراسة (احمد ماهر،1991) بعنوان "علاقة ضغوط العمل بالأداء"[1]، هدفت الدراسة إلى تحديد العلاقة بين ضغوط الدراسة وبين الأنواع المختلفة من الأداء(الأداء الدراسي-الأداء الوظيفي-الأداء الأسرى والعائلي)، وقد أجريت الدراسة على عينة مكونه من (212) طالبة في نظام الانتساب الموجه بجامعة الإمارات العربية والذي يتيح إمكانية توافر الثلاثة أنواع الأداء المذكورة لدى الطالبات، وخلصت الدراسة بان هنالك علاقة ارتباط خطية سالبة بين شعور الطالبات بضغوط الدراسة وبين أدائهن الوظيفي كمعلمات، وأدائهن الأسرى والعائلي باعتبارهن ربات اسر، كما أن هنالك علاقة غير خطية(منحنية) بين شعور الطالبات بضغوط الدراسة وبين الأداء الدراسي لهن، ولم تستطيع الدراسة إثبات أي تأثير للمتغيرات الوسيطة (الحالة الوظيفية، الحالة الاجتماعية، السنة الدراسية) على علاقات الارتباط بين الضغوط وبين الأداء الدراسي والأسرى، كما أكدت الدراسة وجود اختلاف في اتجاه العلاقة بين الضغوط والأداء باختلاف نوع الأداء.

---

1 -احمد ماهر، "علاقة ضغوط العمل بالأداء"، **الإداري**، معهد الإدارة العامة، مسقط، العددان 45-46، 1991، ص 295-327.

13-دراسة (سمير عسكر،1988) بعنوان "متغيرات ضغط العمل:دراسة نظرية وتطبيقية في قطاع المصارف بدولة الإمارات العربية المتحدة"[1]، هدفت إلى توضيح طبيعة ضغط العمل ومصادره المختلفة في المنظمة والآثار المترتبة عليه واستراتيجيات للتعامل معه على مستوى الفرد وعلى مستوى المنظمة، كما هدفت الدراسة إلى عرض نتائج قياس متغيرات ضغط العمل ومدى علاقة هذه المتغيرات ببعض المتغيرات المستقلة مثل الجنسية ونوعية الوظيفة والسن، وأجريت الدراسة على عينة مكونه من (500) فرد من العاملين في قطاع المصارف بدولة الإمارات العربية المتحدة، وبينت نتائج الدراسة بعدم وجود فروق معنوية بين متغيرات الجنسية ونوعية الوظيفة والعمر لأفراد العاملين بقطاع المصارف وبين أدراكم لمستويات ضغط العمل الناتجة عن:كمية العمل ونوعية العمل وصراع الدور وغموض الدور والنمو والتقدم الوظيفي .

كما بينت الدراسة أن كمية العمل تحتل المرتبة الأولى في أحداثها أعلى مستوى من الضغط بالنسبة لأفراد العينة بالمقارنة بمتغيرات العمل الأخرى يليها في الأهمية التقدم المهني والتنظيم ثالثا ومن ثم نوعية العمل وغموض الدور وصراع الدور في المراتب الثلاثة الأخيرة في مستوى الشعور بضغط العمل.

---

1 - سمير عسكر، "متغيرات ضغط العمل: دراسة نظرية وتطبيقية في قطاع المصارف بدولة الإمارات العربية المتحدة"، الإدارة العامة، معهد الإدارة العامة، الرياض، العدد 60، 1988، ص ص 7-66.

14 دراسة(زهير الصباغ،1981) بعنوان "ضغوط العمل"[1]، هدفت إلى تعريف ضغط العمل وكيفية إدراكه ومصادره ومظاهره وأثره على الأداء والطرق المختلفة لمعالجته، وخلصت الدراسة أن ضغط العمل له نتائج سيئة ومظاهر عديدة سواء أكانت شخصية أو تنظيمية، وان ضغط العمل ليس بضرورة ذا تأثير سيئ، وتختلف ردود فعل العاملين باختلاف أسباب ضغط العمل وبالتالي يختلف تكيفهم معه وحالة معالجتهم، وأوصت الدراسة بان على الإداريين والمنظمة توفير مناخ اجتماعي ونفسي وتنظيمي مشجع يقلل من ضغط العمل ويدفع العاملين لبذل المزيد من الجهد لتحسين الأداء، إضافة إلى الاهتمام بالبرامج التدريبية وتكوين علاقات ثنائية وجماعية في العمل، والمساهمة في اتخاذ القرارات وتفويض الصلاحيات.

ب- الدراسات الأجنبية

1-دراسـات روبـرت جولمبيوسـكي وزملائـه(Golembiewski,etal.,1998)[2]، وهـي مجموعـة مـن الدراسات والبحوث الميدانية المتعلقة بضغوط العمل، وبشكل خـاص فـي أقصى ـ أشكاله وهو الاحتراق أو الإنهاك (Burnout) الذي يتعرض لها العاملون فـي المستويات الإداريـة المختلفة مـن مديرين ومشرفين وموظفين في القطاعين العام والخاص وفي أقطار وبيئات عمـل متعـددة وامتدت هذه الدراسات لفترة(15)سنة تقريبا، وقد طور جولمبيوسكي وزملاؤه نموذجا

---

1 -زهير الصباغ، "ضغط العمل"، المجلة العربية للإدارة، عمان، المجلد 5، العددان 1-2، 1981، ص ص 28-40.
2- Golembiewski, Robert etal, "Estimates Of Burnout in Public Agencies", Public Administration Review , Vol.58.No.1, (January/February),1998, pp 59-65.

لقياس مدى شعور العاملين بضغط العمل، أطلقوا عليه اسم نموذج المراحـل (Phase Model) والذي يتكون من ثماني مراحل(مستويات) للشعور بالضغط والإرهاق تمثل المرحلة الأولى أدنى درجات الشعور بالضغط بينما تمثل المرحلة الثامنة أعلاها وأخطرها وهي مرحلة الشعور بدرجة عالية من الضغط المصحوب بالتوتر والقلق والذي يؤدي في نهاية المطاف إلى الاحتراق (Burnout)، وقد ركزوا على المؤشرات التالية للدلالة على وصول الموظف إلى مرحلة الاحتراق وهي تدني الأداء بشكل ملحوظ وفقدان الأصدقاء والابتعاد عن الناس والاستنزاف العاطفي، وأوصى هؤلاء الباحثين بضرورة إجراء دراسات علمية مستفيضة لموضوع ضغوط العمل والآثار والمخاطر المرتبطة بها والعمل على تخفيفها أو الحد منها بما ينسجم مع بيئة العمل وظروف كل دولة.

2-دراسة لشاوبروك وميريت(Merritt& Schaubroeck ,1997)[1]، هدفت إلى اختبار العلاقة بين المقدرة الذاتية للموظف على السيطرة على عمله ومقدرته على التعايش والتكيف مع المواقف الضاغطة داخل بيئة العمل، وهدفت أيضا إلى تحديد العلاقة بين زيادة متطلبات الوظيفة والإصابة بضغط الدم الشرياني.

وكانت أهم النتائج التي توصلت إليها أن هنالك فروق ذات دلالة إحصائية بين زيادة متطلبات العمل والإصابة بارتفاع أو انخفاض ضغط

1- Schaubroec.J, & Deryl E. Merritt,"Divergent Effect of Job Control on Coping With Work Stressors:The Key Role Of Self-Efficacy",The Academy Of Management Journal , Vol.40 , No3. June,1997,pp 732-754.

الدم الشرياني تعزى للجنس،حيث وجدت أن الذكور اكثر عرضة للإصابة بهذا المرض، حيث ضعفت سقدرتهم الذاتية على مواجهة ومعايشة المواقف الضاغطة الناتجة عن زيادة متطلبات العمل.

3-دراسة (Glennelle&Elizabeth ,1991) [1]، هدفت إلى اختبار العلاقة بين ضغوط العمل وعوامل الشخصية (الحالة الاجتماعية والعمر والجنس للمعلمين)، وهدفت أيضا إلى تحديد قيم التنوع في القدرة على العطاء والإشباع الوظيفي لدى مدرسي ومديري المدارس العامة من خلال ضغط العمل المتعلق بوضع معايير أساسية للأداء، حيث تكونت عينة الدراسة من(573) معلما ومديرا.

وخلصت الدراسة أن المعلمين يعانون من درجة عالية من ضغوط العمل المرتبط بصورة مباشرة بمواقفهم العملية اليومية والمرتبط أيضا باعتماد معايير أساسية للأداء.

4-دراسة شغول وزملائه(Schnall, etal.,1990) [2]، وقد أظهرت الدراسة أن ضغط العمل يشكل أحد عناصر الخطر على الصحة ويؤدي إلى ارتفاع ضغط الدم والتأثير على القلب وقد ركزت هذه الدراسة على الوظائف الدنيا في التنظيم، وعزت الشعور بالضغط إلى نقص

1- Elizabeth-Smith Hipps & Halpin-Glennelle, "Job Stress,Stress Related To Performance –Based Accreditation Locus Of Control,Age,And Gender As Related To Job Satisfaction and Burnout In Teachers And Principals" ,Papar Presented At The Annual Meeting Of The Mid-South Education Research Association, (Lexington,Ky,November 13-15,1991),Yarmouk Unversity Data –Base.

2- Schnall ,Peter L.,Etal ,"Relationship Between Job Strain,Workplace Diastolic Blood Pressure,And Left Ventricular Mass Index",Journal Of The American Medical Association Vol. 263 ,No. 14 (April 11) , 1990,Pp1929-1935.

الصلاحيات، وعدم استغلال المهارات والقدرات بشكل فعّال، وأوصت بتفويض مزيد من الصلاحيات للمستويات الدنيا، والتوسع في برامج التدريب، وزيادة مشاركة العاملين في صنع القرارات.

5-دراسة هول وسيفري (Savery&Hall,1989) [1]، فقد اجرياها علـــى (532) إداري يعملون في (36) مؤسسة من أجل التعرف على مسببات ضغط العمل التي يتعرضون لها، وقد حدد الباحثان هذه المسببات بغموض الدور وصراع الدور وعدم تمتع الإداري بسلطة كافية تمكنه من ممارسة مسؤولياته وزيادة العبء الوظيفي المطلوب من الإداري إنجازه وعدم مقدرة الإداري أو مساعديه على تطوير علاقات وطيدة مع الدوائر الأخرى في المؤسسة أو مع الزبائن أو مع المؤسسات الأخرى.

6-دراسة كوسمير ودوراند (Chsmir & Durand ,1989) [2]، شملت (190) موظف موظفة يشغلون وظائف كتابية حيث شكلت العاملات نسبة(94)%، وأظهرت الدراسة أن مسببات ضغط العمل هي عدم كفاية التعويض المادي والأعمال الروتينية وعدم توافر فرص التقدم والترقي الوظيفي وعدم استغلال قدرات ومهارات الموظفين بشكل مناسب.

7-دراسة تبجوس (Tipgos,1987) [3]، هدفت إلى التعرف على مسببات ومصادر ضغوط العمل التي يتعرض لها مدرا الشركات وأجريت

1- Savery,Lawson & Hall .Kenneth,"Stress Management",Management Decision(6),1987,PP 29-35.

2- Chusmir Leonard & Durand Douglas,"Stress And Working Woman",Personnel(S),1987,PP38-43.

3- Tipgos.Manuel.,"The Things That Stress Us",Management World,June-August,1987,PP 17-18.

الدراسة على (315) مديراً يعملون في شركات مختلفة، وخلصت الدراسة أن مسببات ضغط العمل الرئيسية هي التدخلات المفاجئة والطلبات المتعارضه وإدارة الوقت وكمية العمل والمسؤولية عن الآخرين وسياسة المنظمة، أما المسببات التي كان متوسطة التأثير فهي التعامل مع الحاسوب والعمل الإضافي ومقابلة الموظفين وتعينهم، وبينت الدراسة أن نسبة الإناث اللواتي تعرضن للضغط النفسي 55% بينما بلغت نسبة الذكور 45%، وأشارت الدراسة إلى أن الوسائل التي استخدمها المدراء للتخفيف من الآثار السلبية **لضغط العمل تتمثل في الراحة والنوم والتمارين الرياضية ممارسة الأنشطة الاجتماعية واستشارة الآخرين.**

- خلاصة الدراسات السابقة

من خلال الاطلاع على الدراسات السابقة نرى أن الدراسات السابقة ركزت على ما يلي:-

1- معظم الدراسات السابقة ركزت على قياس مستوى ضغوط العمل التي يتعرض لها عينة الدراسة، وتحديد أهم مصادر تلك الضغوط، وعلى الرغم من عدم اتفاق الباحثين على تصنيف محدد لمصادر ضغوط العمل إلا أن معظمهم يجمع على أن هنالك عوامل شخصية وعوامل تنظيمية مع أن تلك الدراسات لم تغفل العوامل الناجمة عن البيئة.

2- قدمت معظم الدراسات اقتراحات لتخفيف من حدة ضغوط العمل، حيث قسمت هذه الاقتراحات إلى استراتيجيات فردية يقوم بها الفرد

44

نفسه، واستراتيجيات تنظيمية تقوم بها المنظمة لمساعدة موظفيها من اجل التخلص من ضغوط العمل.

3- بينت الدراسات أن ضغوط العمل يتم التعامل معها كعامل مستقل ولها تأثيرات على متغيرات تابعة مثل الرضا الوظيفي والأداء والولاء التنظيمي والتغيب عن العمل والإصابة بالأمراض المختلفة.

ويمكن القول أن هذه الدراسة تمتاز عن الدراسات السابقة التي سبق عرضها في أنها تحاول إلقاء الضوء على اثر ضغوط العمل وخاصة التنظيمية والاجتماعية في أداء الحكام الإداريين في الأردن، وتحاول أيضا أن تحدد نوع العلاقة بين ضغوط العمل والأداء وهل هي علاقة إيجابية أم علاقة سلبية، مع أنها تشترك مع هذه الدراسات في عرض أهم مسببات ضغوط العمل، كما تقترح إستراتيجيات للحد من الآثار السلبية لضغوط العمل والتي يمكن أن تستخدمها في وزارة الداخلية.

- مجتمع الدراسة

يتألف مجتمع الدراسة من كافة الحكام الإداريين في الأردن والبالغ عددهم (191) حاكم إداري منهم (18) محافظ و(85) متصرف و(88) مدير قضاء.

- منهجية الدراسة

تعتمد هذه الدراسة الميدانية في منهجيتها على الأسلوب الوصفي التحليلي، كما تستمد الدراسة بياناتها ومعلوماتها من المصادر الرئيسة التالية:-

45

أ- **مصادر ثانوية جاهزة**:تتمثل في المقتنيات المكتبية أهمها الكتب والمقالات والأبحاث العلمية والرسائل الجامعية والوثائق الرسمية.

ب- **مصادر أوليه** :تتمثل في جمع البيانات مباشرة من الميدان بواسطة استبانه تم تصميمها لغايات هذه الدراسة، حيث تم اختبار صدق الاستبانه وثباتها من خلال التحكيم والتجريب الأولى وإدخال التعديلات اللازمة عليها قبل إعادة تصميمها وتوزيعها بشكل نهائي على مجتمع الدراسة.

- محددات الدراسة

من المعوقات والصعوبات التي واجهت الباحث أثناء إعداد الدراسة ما يلي:-

1- الصعوبة الكبيرة في توزيع الاستبانات على مجتمع الدراسة، وتباعد المحافظات والألوية والاقضية في أرجاء المملكة، والأصعب من ذلك استرداد هذه الاستبانات إذا اضطر الباحث الرجوع أكثر من مرة إلى المراكز الإدارية بسبب انشغال بعض الحكام الإداريين بإعمال رسمية أو إجازة.

2- قلة الأبحاث والدراسات عن موضوع ضغوط العمل، والذي من المفترض أن يقوم به الباحثين والأجهزة المختصة وعلى مستوى كافة قطاعات الدولة.

الفصل الثاني
ضغوط العمل والأداء

- مقدمة

يواجه معظم الناس في عصرنا الحالي شتى أنواع الضغوط، أثناء العمل لأسباب قد تكون ناتجة عن العمل نفسه أو من خارجة، وهناك العديد من الموظفين الذين فشلوا في التأقلم والتكيف مع متطلبات وظروف العمل وسياسات المنظمة والأسلوب القيادي والإشرافي وغيرها، هذا عدا عن الظروف والتحديات والمتطلبات الكثيرة التي يواجهها الناس في حياتهم اليومية خارج أعمالهم من ارتفاع تكاليف المعيشة والأوضاع المالية الصعبة والازدحام المروري والبطالة والمشاكل العائلية...

ومن هنا برزت الضغوط الإنسانية، نتيجة التأثر بالمثيرات والمنبهات البيئية المختلفة التي جعلت الفرد يعيش في حالة قلق وتوتر وانفعال، مما أثر على مهامه وواجباته الوظيفية وعلاقاته مع رؤسائه ومرءوسيه وزملائه، وكذلك على صحته وجسده.

ولأهمية ضغوط العمل فقد أصبح هذا الموضوع أحد المجالات الأساسية لاهتمام العديد من رجال الفكر الإداري والتنظيمي، ولكن معظم الكتابات ما زالت في مستوى التحليل النظري ولم تنل الدراسات

التطبيقية ألا نصيبا محدوداً من الاهتمام ويمكن إرجاع ذلك إلى سببين رئيسيين وهما:-

أولاً: تنوع العوامل المسببة للضغوط العمل وتداخلها مما يثير مشكلة فصل كل منها ودراسة تأثيرها.

ثانياً: عدم اتفاق الباحثين على مفهوم محدود ودقيق لضغوط العمل، مما يوقع الباحث الذي يحاول الخوض في هذا المجال بحيرة تجعله في النهاية أما ان يبتعد عنه كلياً او يحاول تبني مفهوم يتفق مع قناعته الشخصية[1]

وفي هذا الفصل سنسلط الضوء على ماهية ضغوط العمل ومسبباتها ونتائجها وأساليب التعامل معها، وعلاقتها بالأداء الوظيفي وذلك على ضوء نتائج البحوث والدراسات النفسية والسلوكية والإدارية التي تمت في هذا المجال.

- مفهوم ضغوط العمل

الضغوط مفاهيم جاءت من الفيزياء، وهي بهذا المفهوم الفيزيائي تعني المضاعفات التي تؤثر في حركة ضغط الدم في الجسد، أما في علم النفس فإن الضغوط تعني المطالب التي تجعل الفرد يتكيف ويتعاون لكي يتلاءم مع من حوله، وتتمثل الضغوط النفسية في القلق والإحباط والصراع والنزاع وعدم الارتياح والشعور بالألم.

1 - رفاعي محمد رفاعي، **السلوك التنظيمي**، القاهرة، المطبعة الكمالية، 1988، ص ص 253-266.

أما مصطلح ضغوط العمل فإنها لم تستخدم ألا في القرن الثامن عشر لتعني "إكراه وقسر وجهد قوي، وإجهاد وتوتر لدى الفرد أو لأعضاء الجسم أو قواه العقلية "[1].

ومنذ ذلك الوقت فقد تباينت آراء ووجهات نظر الباحثين حول تعريف ضغط العمل، حيث يعتبر من أهم المشاكل التي تواجه المهتمون بموضوع الضغوط بصفة عامة وضغوط العمل بصفة خاصة هي محاولة التوصل الى تعريف متفق عليه لمعنى الضغوط

حيث عرف بورن (Baron) ضغط العمل "بأنه استجابات جسمية ونفسية وسلوكية للأفراد في مواقف تكون متطلباتها الحالية اكبر من قدرات الأفراد على التأقلم معها"[2].

أما برودزنكي وزملائه (Brodzinki &Others) فيعرفون ضغط العمل بأنه "تفاعل بين الفرد والبيئة ينتج عنه تغيرات جسمية ونفسية تحدث انحرافات في أداء الفرد الطبيعي"[3].

ويعرف كل من إيفانسيفتش وماتيسون (Ivancevich & Matteson) الضغوط الوظيفية بأنها "استجابة تكيفيه تختلف باختلاف الأفراد للتهدئة من تأثيرات وأوضاع وأحداث تفرضها المتطلبات الخاصة بالتنظيم على الأفراد العاملين في التنظيم"[4].

1 -حسين حريم، السلوك التنظيمي: سلوك الأفراد في المنظمات، دار زهران للنشر والتوزيع، عمان، 1997، ص 378.

2- Baron.Robert, Behavior In Organization, Mass Allyn & Bagon, 1983, P.305.

3- Brodzininski,J.,Scherer ,R.& Grayer,K."Work Place Streess", Personnel Administration, Vol .7 , No.2 , 1994 ,p.77.

4- John M.Ivancevich,Michael, T.Matteson, Organization Behavior& Management, 4ᵗʰ Ed.Irwn Book Tream Inc,Chicago,1996,P.697.

ويعرف سمير عسكر ضغط العمل بأنه "مجموعة من التغيرات الجسمية والنفسية التي تحدث للفرد في ردود فعله أثناء مواجهته لمواقف المحيط التي تمثل تهديداً له"[1].

في حين يعرف سيزلاقي(Szilagy) وآخرون ضغوط العمل بأنها " تجربه ذاتية، تحدث اختلالا نفسياً أو عضويا لدى الفرد، وينتج عن العوامل في البيئة الخارجية أو المنظمة أو الفرد نفسه"[2].

ويرى الباحث أن ضغط العمل يعكس مدى مقدرة الفرد على التأقلم أو التكيف مع المواقف الناتجة عن العوامل التنظيمية والبيئية والشخصية، والتي تؤدي إلى رد فعل وعدم اتزان مما يؤثر على حالته الصحية والجسدية والنفسية والسلوكية، وتؤدي به إلى الانحراف عن مسار الأداء الطبيعي لإنجاز مهامه.

ويمكننا دراسة هذا التعريف أكثر بالتحول إلى الأعمال الرائدة في هذا المجال للدكتور هانز سيلي (Hans seley)[3] الذي حدد ردود فعل الإنسان النفسية والجسدية اتجاه الضغط في ثلاثة مراحل متميزة :

المرحلة الأولى: (الإنذار أو التنبيه للخطر) يجهز فيها الجسم نفسه لمواجهة التهديد أو التحدي الذي يربكه بإفراز هرمونات من الغدد

1- سمير عسكر، "متغيرات ضغط العمل "، مرجع سابق، ص 9.

2- اندرو دي سيزلاقي ومارك جي والأس، **السلوك التنظيمي والأداء**، ترجمة جعفر أبو القاسم احمد، معهد الإدارة العامة، الرياض،1991، ص180.

3-Hans Seley,The Stress Of Life, New york:McGraw-Hill, 1976, P.35.

الصماء يترتب عليها سرعة ضربات القلب، وزيادة معدل التنفس وزيادة نسبة السكر في الدم وتوتر العضلات.

-**المرحلة الثانية: (المقاومة)** وبعد الصدمة الأولى ينتقل الفرد إلى مرحلة المقاومة، وفيها يحاول الجسم إصلاح أي ضرر أو أذى نتج من الصدمة الأولى ويشعر الفرد في هذه المرحلة بالتعب والقلق والتوتر، ويحاول الفرد مقاومة مسببات الضغط، فإذا استطاع النجاح والتغلب على المشكلة فان أعراض الضغط تزول.

-**المرحلة الثالثة: (الإنهاك)** وتظهر هذه المرحلة إذا لم يستطيع الفرد التغلب على مسببات الضغط،واستمر يعاني منها فترة طويلة، فان طاقة الجسم على التكيف تصبح منهكة ومجهدة، وتضعف وسائل الدفاع والمقاومة ويتعرض الفرد لأمراض الضغط مثل الصداع وارتفاع ضغط الدم والقرحة والأزمات القلبية، وتعتبر هذه المرحلة حادة وخطيرة وتشكل تهديدا لكل من الفرد والمنظمة، فعقل وجسم الإنسان له حدود للتحمل والمقاومة، وكلما زاد معدل تكرار الإنذارات والمقاومة أصبح الفرد أكثر إرهاقا وإنهاكا في عمله وحياته وازدادت قابليته للأمراض البدنية والنفسية، ويوضح الشكل رقم(2-1) هذه المفاهيم بصورة مبسطة.

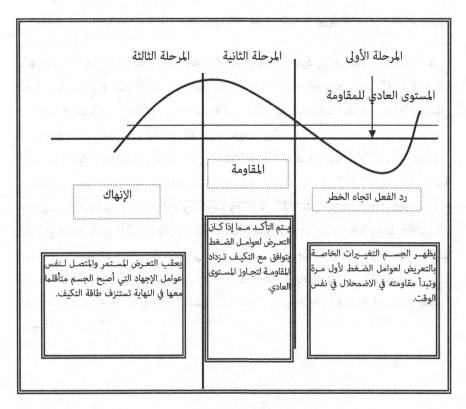

الشكل رقم(2-1)
الإعراض العامة للتكيف[1]

1- M.Ivancevich And Michael ,Matteson,Organization Behaviar and management ,Op Cit P. 651.

وقد طرحت أعمال سيلي(Seley) هذه ثلاث نقاط تتعلق بالضغط النفسي يتعين على المديرين أخذها في الاعتبار:

أولا: هنالك ردود فعل محددة اتجاه الضغط.

ثانياً: هنالك اختلافاً في شكل ردود الفعل بين الأفراد يعزى ذلك إلى الفـروق الفرديـة بـين الأفراد في محيط العمل، إضافة إلى نوعية وحدة الضغوط التي يتعرضون لها.

ثالثاً: أن لعقل الإنسان وجسمه حدود لمـا يمكـن احتمالـه ومقاومتـه، فقـد يـؤدي تكـرار واستمرار حالات الضغط إلى زيادة قابلية الشخص للحـوادث والأمـراض والسـلوك المرتبـك والنتائج الأخرى التي قد تؤثر سلباً على أدائه التنظيمي.

- عناصر ضغوط العمل

يرى سـيزلاقي ووالآس (Szilagy &Wallace) انـه يمكـن تحديـد ثلاثـة عنـاصر رئيسـية لضغوط العمل في المنظمة هي[1]:

1- **عنصر المثير:** ويحتوي هذا العنصر على القوى المسببة للضغط والتي تقتضي إلى الشعور بالضغط النفسي، وقد يكون مصدر هذا العنصر البيئة أو المنظمة أو الفرد.

2- **عنصر الاستجابة:** يمثل هذا العنصر ردود الفعل الجسـمية والنفسية والسـلوكية التـي يبديها الفرد اتجاه الضغط، مثل القلق والتوتر والإحباط وغيرها.

1- ناصر العديلي، السلوك الإنساني والتنظيمي: منظور كلي مقارن، معهد الإدارة العامة، الرياض،1995، ص245.

3- **عنصر التفاعل**: وهو التفاعل بين العوامل المثيرة للضغط والاستجابة له.
ويمكن توضيح المكونات الرئيسية الثلاثة لضغوط العمل من خلال الشكل رقم(2-2).

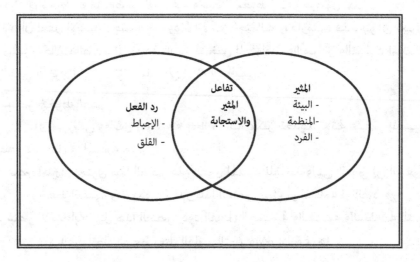

الشكل رقم (2-2)

مكونات ضغوط العمل الرئيسية[1]

- أنواع ضغوط العمل

حاول سيلي (Seley) أن يميز أربعة أنواع رئيسية من الضغوط هي: الضغوط الحادة جدا، والضغوط القليلة جدا، والضغوط المفيدة، والضغوط الضارة، والشكل رقم (2-3) يوضح هذه الأنواع الأربعة.

1- سيزلاقي ووالأس، السلوك التنظيمي والأداء، مرجع سابق، ص180.

54

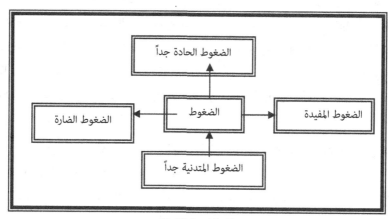

الشكل رقم(2-3)

أنواع الضغوط [1]

نلاحظ من الشكل انه ليس كل الضغوط سيئة بل قد تكون مفيدة ونافعة بالنسبة للفرد والمنظمة التي يعمل بها الفرد، وذلك عندما تكون هـذه الضغوط معتدلـة، حيـث تعمل على تحفيز الفرد للعمل والإنتاج مثل النجاحات التي حققها الكثير مـن الأفـراد في مجال الرياضة والتجارة والدراسة حيث تمثل الرغبة في تحقيق النجاح نوعاً مـن الضغوط تدفع الفرد لتحقيق أفضل النتائج، غير أن هـذه الضغوط إذا مـا تجـاوزت درجـة معينـة بحيث تكون حادة أو شبه غائبة في حياة الفرد فأنها تكون ضـغوط هدامـة وضارة سـواء أكان ذلك بالنسبة للفرد أو المنظمة.

1- H.Kahn & C.L.Cooper, Stress In The Dealing Room: High Performers Under Pressure, London , Routledge , 1993,P23.

ويرى الباحث أنه من الواجب على الفرد أن يقيم نوعا من التوازن بين أنواع الضغوط المختلفة لان غياب مثل هذا التوازن يعتبر سبباً رئيسياً في وقوع الكثير من الأفراد تحت وطأة الضغوط وأثارها السلبية، كما يتطلب التصدي لها قبل وقوعها وإدارتها وتوجيها التوجيه السليم وذلك عن طريق زيادة الضغوط النافعة التي تدفع الفرد والمنظمة إلى النمو والازدهار، وتقليل من الضغوط الضارة التي تعرض سلامة الفرد والمنظمة للخطر.

- أفكار خاطئة بشأن ضغوط العمل

تنبه العديد من المهتمين بدراسة الضغوط إلى أن هنالك عدداً من المفاهيم التي ليست مرادفة للضغوط وهذه المفاهيم على النحو التالي[(1)(2)]:

1-أن الضغوط ليست مرادفة للقلق، وذلك لان القلق غالبا يعتبر واحداً من ردود الأفعال المتعددة التي يستجيب بها الفرد للضغوط، وقد يكون مصدرا من مصادر ضغوط العمل.

2-أن الضغوط ليست توتراً عصبياً، إذا أن التوتر العصبي ربما ينتج لدى الفرد من المواقف الضاغطة وكذلك فان التوتر العصبي يُعبر في جانب عن مدى إمكانية الفرد لاستيعاب الطاقة التي تؤدي إلى الضغوط أو التخلص منها من خلال القنوات السلوكية أو السيكولوجية المتعددة.

1- J.Killy,The Executive Time And Stress:Management Program,Nj:Alexander Hamilton Institute,Inc.,1994,P.28.

2- J.C.Quick And J.D Quick,Organizational Stress And Preventive Management , Newyork , Mcgraw-Hill Book Commpany,pp.8-9.

3-أن الضغوط ليست بالضرورة سئية أو هدامة، إذا كانت هذه الضغوط معتدلة ومقبولة وترمي إلى هدف معين فمن الممكن أن تكون حافزاً للفرد نحو الإنجاز وتحقيق الأهداف على أن إذا كانت هذه الضغوط حادة فإنها قد تكون ضارة بالنسبة للفرد.

4-أن الضغوط ليست حادثة أو ظروفاً ولكنها استجابة لهذه الظروف أو الحادثة، إذ أن هذه الحادثة تمثل مثيراً، كما أن الضغوط تعتبر استجابة علما بأن هنالك وجهتي نظر أخريين تنظر إلى الضغوط على أنها تهديداً في حد ذاتها أو أنها أمر داخلي بالنسبة للفرد.

5-أن الضغوط ليس من الضرورة أن تحدث نتيجة للاستثارة الزائدة، ذلك أنها من الممكن أن تحدث نتيجة للمطالب المتزايدة على الفرد والتي ربما تقوده إلى الاستثارة الزائدة أو ربما تحدث نتيجة لغياب هذه المطالب أو عدم كفايتها وهو ما يمكن تسميته في بعض الأحيان بالبطالة المقنعة في بيئة العمل والتي تقود الفرد إلى الاكتئاب.

6-وأخيرا فإن الضغوط ليس من الضرورة أو من المستحسن تجنبها، ذلك انه ما دام الإنسان يتفاعل مع بيئته فانه عُرضه لمطالب الحياة التي تؤدي إلى الضغوط، بل أن الفرد في كثير من الأحيان يحتاج إلى درجة مقبولة ومعقولة من الضغوط التي تدفعه نحو تحقيق أعلى درجة من الإنجاز والتفوق، لذا نجد أن الضغوط حتمية الوجود في حياة الفرد وأن المطلوب ليس إلغاء الضغوط تماما أو تجنبها بقدر ما هو مطلوب إداراتها والاستفادة منها والتخفيف من حدة الضغوط

القاسية والنتائج السيئة المترتبة عليها أو تجنبها أو التكيف مع الضغوط المعتدلة.

- مصادر ضغوط العمل

تتباين آراء الباحثين في معرفة العوامل والمسببات التي تؤدي إلى ضغوط العمل، حيث يتعرض الفرد إلى ضغوط تأتي من مصادر مختلفة تعمل كل منها بشكل مستقل أو تتفاعل معاً في تأثيرها على الفرد[1]، ويرجح الباحث عدم الاتفاق على تحديد مسببات ضغوط العمل لان مصادر ضغوط العمل تختلف باختلاف مجال ومجتمع وعينة الدراسة.

وعلى الرغم من ذلك فقد بين (Wallace & Szilagy) أن ضغوط العمل تنبع بصفة أساسية من ثلاثة مصادر رئيسية وهي المصادر التنظيمية والمصادر الوظيفية والمصادر الشخصية وتسهم هذه المصادر الثلاثة مجتمعة في خلق أشكال مختلفة من الضغوط على الفرد، وتختلف حدة هذه الضغوط وتأثيرها من فرد إلى آخر وذلك بسبب الاختلافات والفروق الفردية لهم والشكل رقم(2-4) يوضح هذا التصور[2].

1-احمد ماهر، **السلوك التنظيمي: مدخل بناء المهارات**، الإسكندرية،المكتب العربي الحديث،1986،ص ص 424-427.

2- Szilgay,M.Wallace,Organization Behavior and Preformance ,Llionis: Foresman, And Company , 1987 , P.131..

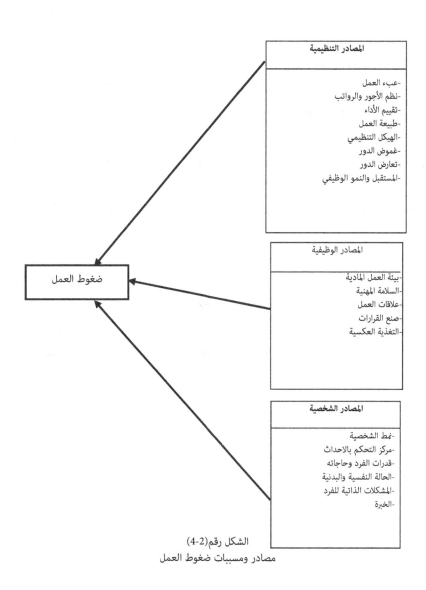

الشكل رقم(2-4)
مصادر ومسببات ضغوط العمل

59

أولا: المصادر التنظيمية: وتشتمل المصادر التنظيمية على ما يلي:-

1-عبء العمل(Role overload/Under load):

ويعني زيادة أو انخفاض حجم معدل العمل الموكول للفرد مهمة القيام به، فزيادة حجم الأعباء الموكول لفرد ما القيام بها إلى معدل أعلى من المعدل المقبول تتسبب في أحداث مستوى عال من الضغط، وانخفاض حجم أعباء العمل الموكول للفرد مهمة القيام بها إلى إلى معدل أقل من المعدل المقبول، يؤدي إلى انخفاض مستوى شعور الفرد بتقدير ذاته وزيادة الشكوى والعصبية والغياب والعزلة، ويصنف عبء العمل إلى نوعين:-

1-عبء العمل الكمي: ويحدث عندما يسند إلى الفرد مهام كثيرة يجب إنجازها في وقت غير كافي.

2-عبء العمل النوعي: ويحدث عندما يشعر الفرد أن المهارات المطلوبة لإنجاز مستوى أداء معين اكبر من قدرته، أي أن الفرد يفتقر إلى القدرة اللازمة لأداء العمل.

وقد قام (Weiman) [1] بدراسة العلاقة بين زيادة وانخفاض عبء العمل ومستوى الضغط لعينة مكونه من (1540) فردا في بعض الشركات، وأظهرت نتائج الدراسة أن كافة أفراد العينة سواء من كان لديهم أعباء عمل كثيرة أو قليلة من المعدلات المقبولة كان لديهم

1- C. Weiman,"A Study Of Occupational Stressors And The Incidence Of Disease/Risk", Journal of Occupational Medicine,Feb,1977,pp 119-220.

مشاكل صحية ويعانون من ضغط العمل، وتقترح الدراسة أن تأخذ العلاقة بين ضغط عبء العمل وأثاره كما هو مبين في الشكل (2-5).

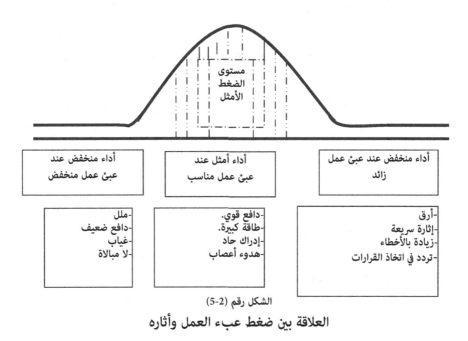

الشكل رقم (2-5)

العلاقة بين ضغط عبء العمل وأثاره

ويرى الباحث أن مستوى الأداء الأمثل هو الذي يحدث التوازن بين تحديات الفرد ومسؤولياته، والثواب الذي يحصل، في حين أن زيادة عبء العمل أو انخفاضه يؤدي إلى انخفاض مستوى الأداء، وحدوث المشاكل النفسية والبدنية والسلوكية المعروفة.

2- نظم الأجور والحوافز (Systems Of Wages And Motives):

ويقصد بها مجموعة الظروف التي تتوفر في بيئة العمل وتعمل على تحفز الأفراد وإشباع رغباتهم التي يسعون لإشباعها عن طريق العمل[1]، كما ويرتبط هذا المصدر مباشرة بإحساس الفرد وشعوره انه يحصل على مقابل عادل لما يقدمه للمنظمة من جهد وخدمات.

ويرى الباحث ضعف الرواتب والأجور وعدم فاعلية نظم الحوافز مقارنة بالمنظمات المماثلة ينمي داخل الفرد شعورا بالإحباط وعدم الرغبة في بذل الجهد، وبالتالي يحاول ابتداع طرق وأساليب تمكن له من خلالها التهرب من أداء الأعمال الموكولة دون أن يتعرض للمساءلة، ويزداد إحساسه بالعزلة عن المنظمة وتنتابه حاله من حالات اللامبالاة والسخط وترتفع معدلات غيابه بعذر وبدون عذر مما ينعكس سلباً على أداء المنظمة التي يعمل فيها.

3- تقييم الأداء (Performance Appraisal):

أن عدم وجود نظام فعال لتقييم أداء الأفراد العاملين بالمنظمة يعني في النهاية أن الأفراد الذي يؤدون عملهم وفقا لما تقضي به واجباتهم الوظيفية لن يحصلوا في النهاية على حقهم المناسب من التقدير المادي أو المعنوي، ويسود اعتقاد بين الأفراد أن الجميع سواسية وان من يعمل

1- محمد القريوتي ومهدي زويلف، المفاهيم الحديثة في الإدارة، الطبعة الثالثة، بدون مكان نشر- عمان، 1993، ص281.

يتساوى مع من لا يعمل ويخلق ذلك الاعتقاد حالة من الإحباط ويجعل هؤلاء الأفراد عرضه للعديد من الأمراض النفسية والجسدية.

وهنالك العديد من الأسباب التي تجعل الموظفين يكرهون تقويم الأداء لأنها تخلق لديهم نوعا من التوتر والضغط وذلك بسبب غياب المعايير الواضحة التي تقوم عليها عملية التقويم، وعدم المشاركة في عملية تقويم الأداء إضافة إلى تركيزه على السلبيات اكثر من الإيجابيات[1].

ويرى الباحث أن عملية تقويم الأداء على الرغم من أهميتها بالنسبة لكل من المنظمة والمدير والموظف فإنه من الممكن أن تكون مصدراً من مصادر ضغوط العمل سواء أكان للمدير أو الموظف وذلك لأن عملية تقويم الأداء ذاتها معقدة وغير موضوعية مما يترتب على ذلك كره المدير والموظف لهذه العملية.

وقد أشارت إحدى الدراسات التي أجريت بهذا الخصوص إلى أن مشكلة تقويم الأداء تأخذ بعدا أخر اشد خطورة إذا ما افتقد النظام الموضوع لعنصر ـ الموضوعية والفاعلية، فعدم الموضوعية في تقييم أداء الأفراد وتقديم مزايا عينية وأدبية لمن لا يستحقها ـ بناء على معايير ذلك النظام المختل ـ هو أمر له أسوا الأثر في نفوس من يستحق، وتكون النتيجة هي الإصابة بأمراض مختلفة نتيجة لتلك الضغوط الناجمة

1- نانسي ويكسون، **تقويم الأداء وسيلة تحسين النوعية في تنمية الموارد البشرية**، ترجمة سامي الفرس، الرياض، معهد الإدارة العامة، الرياض، 1994،ص ص 82-84.

عن عدم موضوعية التقييم والتي قد تصل في بعض الأحوال إلى الشلل أو حتى الوفاة[1].

4-طبيعة العمل:

من الصعب أن نجد وظيفة في مجتمعنا المعاصر خالية من أي ضغوط وأن كان بعض الوظائف تعاني من ضغط العمل اكثر من غيرها حيث تختلف حدة هذه الضغوط باختلاف طبيعة العمل، فالوظيفة التي تتطلب من شاغلها اتخاذ قرارات هامة في ظل ظروف عدم التأكد والوظيفة التي تتضمن قدراً من التحكم والرقابة والوظيفة التي لا يستطيع صاحبها تنفيذ المهام المسندة إليه حتى ولو كان مستوى مهاراته الشخصية عالية غالبا ما ينتج عن ممارسة هذه الوظائف مستوى عال من الضغط.

وفي دراسة عن مستوى الضغط لأكثر من(130) مهنة تبين أن هنالك مهناً تعاني من مستوى عال من ضغط العمل اكثر من غيرها وفي مقدمة هذه المهن حسب ترتيبها مهنة المدير والسكرتيرة والمشرف والمضيف في المطاعم ومدير المكتب، وتبين أن بعض المهن تتعرض لمستوى منخفض من الضغط مثل مهنة العامل الزراعي والخادمة وعامل المهن اليدوية وأستاذ الجامعة[2].

1- الهنداوي، "استراتيجيات التعامل مع ضغوط العمل"، مرجع سابق، ص ص 100-101.
2- عسكر، "متغيرات ضغط العمل"، مرجع سابق، ص11.

كما تؤدي الوظائف التي تتميز بطبيعتها المسؤولية عن أرواح أو أموال الغـير تـأثير كبير على ضغط العمل حيث يعاني العاملون في وحدة العناية المركزية بالمستشـفيات مـن الشد العصبي والتوتر نتيجة لمسؤولياتهم عن أرواح تحـت رعـايتهم لا تحتمـل أوضـاعهم الصحية أي خطأ أو تقصير، وقد أثبـت أحـد الدراسـات أن العـاملين في وحـدات المراقبـة الجويـة بالمطارات يعانون من مستوى عال من ضغط العمل نتيجة لمـا قـد يترتب علـى حدوث أي خطأ فقد عدد كبير من الأرواح.

5-الهيكل التنظيمي(Organizational Structure):

يقصد بالهيكـل التنظيمـي البنـاء الـذي يحـدد الإدارات أو الأجـزاء الداخليـة في المنظمة،حيث يبين الوحدات التنظيمية المختلفة والأنشطة وخطوط السلطة ومواقع اتخاذ القرار[1].

وهو كذلك "نظام المهام وانسياب الأعمال وعلاقات السلطة وقنوات الاتصال التي ترتبط أعمال الأشخاص والمجموعات المختلفة في المنظمة بعضها بعض"[2].

ويعتبر البناء التنظيمي أحد المصادر الهامة لضغط العمل إذ أن لمركزيـة القرارات وضعف المشاركة في صنعها أو اتخاذها واتباع أساليب

1- فؤاد الشيخ سالم وآخرون، **المفاهيم الإدارية الحديثة**، الطبعة الرابعة، مركز الكتب الأردني،عمان،1992،ص135.

2- صبحي العتيبي، **تطور الفكر والأنشطة الإدارية**، دار ومكتبة الحامد للنشر والتوزيع، عمان،2002، ص121.

تنظيمية معقدة وغير مرنه وتخصيص وتقسم العمل بشكل مبالغ فيه إضافة إلى عدم وضوح الاختصاصات وتميع المسؤولية وعدم تحديدها فأنها تؤثر بمجموعها على نفسية الفرد وتؤدي إلى شعوره بالضغط.

ويمكن الإشارة إلى الدراسة التي تمت في هذا المجال على عينة مؤلفة من (346) فرد من رجال البيع في عدة منظمات لدراسة العلاقة بين شكل البناء التنظيمي (الهياكل الطولية والهياكل المتوسطة والهياكل المسطحة) وضغوط العمل، وقد خلصت الدراسة أن رجال البيع الذين يعملون في منظمات ذات هياكل تنظيمية مسطحة يشعرون بضغوط عمل أقل ودرجات أعلى من الرضا الوظيفي عن زملائهم الآخرين بالمنظمات ذات التنظيم المتوسط والطولي [1].

6-غموض الدور (Role Ambiguity) :

يعني غموض الدور إلى نقص المعلومات التي يحتاجها الفرد لأداء عمله وعدم وضوح سلطاته وصلاحياته، مما ينجم عنه حالة من عدم التأكد والتوتر، فالشخص في هذه الحالة ربما لا يكون على دراية تامة بأهداف العمل أو الإجراءات المتبعة فيه أو ربما يكون غير متأكد بخصوص المجال والمسؤوليات المتعلقة بعمله.

أن غموض الدور في العمل وان تعددت مظاهره يمكن حصر ـ أسبابه في أربعة مصادر رئيسية هي [2].

1- الكاساني، "اثر ضغوط الوظيفة على الولاء التنظيمي، مرجع سابق، ص49.
2- عبد الرحمن هيجان، ضغوط العمل منهج شامل لدراسة مصادرها ونتائجها وكيفية إدارتها، معهد الإدارة العامة الرياض،1998، ص 174.

أ-عدم إيصال المعلومات الكافية إلى الموظف فيما يتعلق بالدور المطلوب منه في العمل وبخاصة من الأشخاص الأساسين مثل المديرين والمشرفين وهذا الخلل يحصل مع الموظف الجديد ويجعله غير متأكد من الدور المطلوب منه القيام به في المنظمة.

ب-تقديم المعلومات غير الواضحة أو المشوشة من قبل الرئيس أو المشرف أو الزملاء إلى الموظف وبخاصة في الحالات التي يكون فيها مثل هذه المعلومات تحمل مصطلحات فنية غير مألوفة للموظف.

ج-عدم وضوح السلوكيات التي تمكن الفرد من أداء الدور المتوقع منه، حيث نجد الكثير من المهام المسندة إلى الموظف دون وضوح الكيفية التي يمكن للموظف من خلاله أن يقوم بتنفيذها.

د-عدم وضوح النتائج المترتبة على الدور المتوقع من الفرد وذلك مثل تجاوز الموظف للأهداف المطلوبة منه أو يخفق في تحقيقها أو أن يحقق هذه الأهداف بطريقة غير مألوفة في المنظمة.

وقد تبين من خلال دراسة أجريت على المديرين والمهندسين والعلماء في أحد مراكز الفضاء أن غموض الدور يرتبط بدرجة كبيرة بانخفاض الرضا الوظيفي، والشعور بالتهديد الوظيفي الذي يؤثر على صحة الفرد البدنية والعقلية، وكلما زادت معاناة الفرد من غموض الدور قل استخدام مهاراته العقلية ومهاراته في القيادة[1].

1- عسكر، "متغيرات ضغط العمل"، مرجع سابق، ص 11.

ويرى الباحث أن الموظف الذي يترك وشأنه في تفسير المواقف دون أن تكون لديه المعلومات الكافية والواضحة التي تحدد له الدور المطلوب منه، فمن الممكن أن يكون عرضة للأخطاء نتيجة للسلوكيات التي يتبعها، والتي تقود في نهاية الأمر إلى تعرضه للضغوط في بيئة العمل ومن ثم ترك المنظمة إلى منظمة أخرى.

7-صراع الدور (Role Confict):

ينشأ صراع الدور نتيجة تعرض الفرد لمتطلبات متناقضة أو متعارضة فقد يطلب من الموظف العمل ساعات طويلة مما يتعارض مع دوره كرب أسرة أو قد يطلب منه

محاباة بعض الأقارب أو الأصدقاء مما يتعارض مع دوره الرسمي في التعامل الموضوعي مع الجميع وهذا يؤلد عند الموظف توتراً أو اضطرابا. **وهنالك عدة أشكال لصراع الدور وهي**[1]:-

أ-أن يكون هنالك اختلاف وتناقض في توقعات عدة أشخاص لسلوك الفرد، ويحدث نتيجة علاقات المرؤوسين برئيس أو اكثر أو زميلين أو اكثر من زملاء العمل أو في حالة وجود رئيس ومرؤوس له. ويمكن أن ينشأ صراع الدور في التنظيم الذي يأخذ شكل المصفوفة التنظيمية حيث يخضع الفرد فيه إلى مدير فني ومدير وظيفي.

1- نعيم العبد داود، "مصادر ضغط العمل التي يتعرض لها العاملون في المصارف التجارية العاملة قي الأردن"، رسالة ماجستير غير منشورة، كلية الدراسات العليا،الجامعة الأردنية، عمان، 1991، ص31.

ب-أن تتضمن متطلبات الدور في ذاتها توقعات مختلفة وكمثال على هـذا الشكل مـن صراع الدور توقع نائب الرئيس لشؤون التسويق من مدير المبيعات زيادة مبيعاتـه بنسـبة مئويـة معينـة خـلال فـترة زمنيـة معينـة وفي نفس الوقـت يـرفض زيـادة المصاريف البيعيه في مثل هـذه الحالـة يتعـرض مـدير المبيعـات إلى ضغط صراع الدور.

ج-أن تتعارض توقعات الدور مع بعض مبادئ وقيم الفرد، فمطالبـة الفـرد بإنجـاز مهمة معينة تخرق مبادئه وقيمه يمكـن أن يـدفع بـه إلى معارضة ذلك، أو يقع تحت ضغط صراع الدور الناتج عن تعارض توقعات الدور مع مبادئه وقيمـه ومـن أمثلـة تعارض الدور مع المعتقدات والقيم الشخصية ذلك الفرد الـذي يعمـل بالقطـاع المصرفي ولديه اعتقاد بان معاملات البنـك تحـيط بـه شـبهات ربويـة، كذلك الفرد الذي يعمل بالقطاع الفندقي ولديه قناعة بان بعض ما يقدمه الفندق من أطعمـة ومشروبات يتعارض مع ما تنص عليه التعاليم الدينية.

د-أن يكون هنالك تعارض بين متطلبات العمل ومتطلبات الأسرة مثلاً.

وقد أظهرت العديد من الدراسات أن ضربات القلب تتزايد بحدة في الأوقات التـي يتعرض فيها الفرد لمثل هذه الصراعات وان استمر هـذا الصراع لمـدة طويلـة يـؤدي إلى الإصابة بأمراض القلب وتصلب الشرايين وارتفاع ضغط الدم، وأحيانا قد تـؤدي إلى الوفـاة بالسكتة القلبية[1].

1- S-Kobasa,"Stressful Life Events:Personality and Health",Journal Of Personality And Social Psychology(37),1979,P.9.

ويرى الباحث أن صراع الدور يعتبر مشكلة شائعة في كثير من بيئات العمل والتي من الممكن أن تواجه الأفراد من خلال طرق متعددة على أن الأفراد عندما تحدث لهم مثل هذه المواقف غالباً ما يحاولون تحملها والتكيف معها، غير انه إذا ما طالت مدة وجودها أو تكررت فانهم يجدون من الصعب أن يتغاضوا عنها وبالتالي ربما يترتب على ذلك تعرضهم للضغوط الشديدة في بيئة العمل.

8-المستقبل والنمو الوظيفي:

أن إحساس الفرد بان فرص الترقي والتقدم والنمو الوظيفي داخل المنظمة التي ينتمي تحكمها معايير أخرى بخلاف كفاءة الأداء يعتبر أحد المصادر الهامة لضغط العمل حيث تتعارض مع طموحات الفرد ومحاولة تأكيد مستقبله المهني وتؤلد عوائق النمو والتقدم المهني حالة من الامبالاه والكسل والتراخي مصحوبة بنوع من الخمول والعزلة.

كما يمر الفرد خلال حياته العملية بثلاث مراحل هي:مرحلة بدء الوظيفة، مرحلة منتصف النمو الوظيفي وأخيرا نهاية الوظيفة، وعادة ما تتغير حاجات الفرد وأهدافه وآراؤه وتوقعاته عندما ينتقل بين هذه المراحل، ومن ثم يتعرض لأشكال مختلفة من الضغوط في كل منها.

وفيما يلي نوضح بعض مسببات الضغط المحتملة في كل مرحلة من هذه المراحل[1]:

1- لطفي، "نحو إطار شامل لتفسير ضغوط العمل وكيفية مواجهتها "، مرجع سابق، ص ص82-.83.

70

أ- **مرحلة بدء الحياة الوظيفية:** وهي التي تبدأ بعد انتهاء المرحلة التعليمية والتحاق الفرد بالعمل، ومن مسببات الضغط في هذه المرحلة:

-نقص المعارف والمهارات اللازمة لأداء العمل.

-عدم التوازن بين مغريات العمل ومنفراته.

-صعوبة التكيف مع مجموعة العمل وبيئته.

-القيام بعمل لا يتفق مع مؤهلات الفرد وقدراته.

-عدم القدرة على تحمل مسؤوليات العمل.

ب-**مرحلة منتصف النمو الوظيفي:**ليس هناك تحديد أو اتفاق على ماهية هذه المرحلة أو متى تبدأ أو تنتهي، غير أن ماتيسون وايفاننسفتش،يقترحان إنها تشمل فئة العمر من 35-50 سنة، ومن المحتمل أن تكون قبل ذلك أو بعده، ويصل اغلب الناس إلى أعلى المراتب في هذه المرحلة ويطلق عليها البعض فترة التحول أو فترة الأزمة أو فترة معرفة الذات.

كما كشفت إحدى الدراسات أن 83% من المراكز الإدارية والمهنية تعاني من الإحباط وهم في الثلاثينات، عندما يجدون الواقع لا يتفق مع توقعاتهم.

ومن مسببات الضغط في هذه المركز نذكر:-

-زيادة أعباء العمل وكثرة التغيير وعدم التأكد.

-شدة التنافس بين الأقران.

-زيادة الاعتماد على الآخرين ورجال التخصص.

71

-الحاجة الشديدة إلى اليقظة والانتباه.

-تقادم المعارف والمهارات.

-ضغوط الوقت.

ج-مرحلة نهاية الوظيفة(التقاعد):يتوقف تحديد موعد التقاعد عن العمل على التشريعات والنظم المعمول بها في كل دولة، ومن ثم يتباين طول هذه الفترة في كل منها.

ومن مسببات الضغط خلالها:-

-الخوف من فقد المنصب، والسلطة، والمزايا المختلفة.

-التفكير في معاش التقاعد ومصادر الدخل في المستقبل.

-ترك الزملاء، وفقد الأصدقاء، والشعور بالوحدة.

-التفكير في استغلال أوقات الفراغ بعد ترك العمل.

ثانياً: المصادر الوظيفية وتشتمل المصادر الوظيفية على ما يلي:

1-بيئة العمل المادية:

تشتمل ظروف العمل المادية على تجهيزات مكان العمل والموقع والمساحة والإضاءة والتهوية والضوضاء والخصوصية والتأثيث وما شابه ذلك من الاعتبارات، وتشكل ظروف العمل ضغط على الفرد على اعتبار أن عدم توافر تلك الظروف بالشكل المناسب يتسبب في زيادة حدة ضغوط العمل، وعلى العكس من ذلك فإن تحسين ظروف العمل يساعد على رفع الروح المعنوية للموظفين على أن يكون التحسن في هذه الظروف بقصد

تكييف عناصر العمل وظروفه مع نفسية وظروف الموظف، إذا أن الأمر يقتضي- عدم الاعتماد على كون الموظف متكيفاً وإنما جعل العناصر الأخرى مرنه[1].

2-السلامة والصحة المهنية:

أن عدم إيلاء شروط السلامة والصحة المهنية وقواعدهما يعد مصدراً لضغوط العمل كما يؤلد إحساس لدى الفرد بأنه غير أمن على حياته أثناء أدائه لعمله، وتظهر أثار هذا المصدر على وجه الخصوص في الوظائف تكون طبيعتها تعرض العاملين فيها لأخطار مهنية تؤثر على صحتهم كما هو الحال في الوظائف التي يتعامل أصحابها مع مواد كيماوية خطرة أو يتعرضون لإشعاعات أو غازات أو يواجهون آلات ضخمة جبارة وما شابه ذلك.

3-علاقات العمل:

تتمثل علاقات العمل في سوء العلاقة بين الموظف وزملائه (كتنافس وحجب المعلومات وعدم التعاون) أو بين الموظف ومرءوسيه (كعدم إطاعتهم لأوامره أو تدني أدائهم) أو سوء العلاقة بين الموظف وبين رؤسائه والتي تتمثل في عدم تفويضه صلاحيات كافية أو عدم تقديرهم لجهوده أو تصيد أخطائه أو اتباع أساليب ملتوية في التعامل معه، ولعل

1- عبد المعطي عساف،**السلوك الإداري (التنظيمي) في المنظمات المعاصرة**،مطبعة جريدة الرأي ،عمان،1994،ص.291

علاقة الموظف السيئة برؤسائه لها الأثر لأكبر في تعرضه للضغط من الزملاء أو المرؤوسين لانه يكون في موقف ضعف أمامهم[1].

و هذا ما يؤكده المثل القائل "أن البؤس بحاجة إلى الجماعة" فحينما يشعر الفرد بالقلق والإحباط والتوتر فإنه يلجا إلى الدعم الاجتماعي من رؤسائه ومرؤسيه وزملائه وأصدقائه في العمل ويتعاطف أمثال هؤلاء مع مشاعر العامل وأحاسيسه ويبينون له أن الأمر ليس بهذه الخطورة وأن هنالك حلول كثيرة يمكن استخدامها والخروج من المأزق مما يخفف من مشاعر التوتر والقلق وتفريغ شحنة الهم والكآبة التي كانت تسيطر عليه.

وفي دراسة أجريت لبعض الإداريين الذين كانوا يعانون من مستويات عالية من التوتر تبين أن اؤلئك الذين حصلوا على دعم من رؤسائهم المباشرين تعرضوا إلى تأثيرات جسدية أخف من أولئك المديرين الذين لم يحظوا بمثل هذا الدعم[2].

4-صنع القرارات:

في ضوء المدى الذي يسمح للفرد فيه بالمشاركة في عملية صنع القرارات بالمنظمة الذي ينتمي لها، يتحدد المدى الذي يعتبر معه هذا العنصر أحد العناصر المؤثرة في ضغط العمل، فالقرارات التي تفرض على

1- المبيضين والحسن، "ضغوط العمل التي يواجهها موظفو الشؤون المالية "، مرجع سابق، ص 160.

2- محمد النجار، **إدارة الموارد البشرية والسلوك التنظيمي**، منشورات جامعة دمشق، دمشق، 1995، ص.415

الأفراد من أعلى دون مشاركة منهم في عملية صنعها تعتبر من مصادر ضغوط العمل لسببين على الأقل هما[1]:-

1-عندما لا يطلب من الفرد المشاركة في عملية اتخاذ القرارات يشعر أنه مهمل وليس لأفكاره وآرائه قيمة تذكر ويؤدي به إلى المعاناة والسلبية.

2-عندما لا يجد الفرد فرصته للتأثير على الأحداث الهامة المرتبطة بوظيفته فانه يعاني من الشعور بالعجز أو فقدان التحكم في عمله، وغالبا ما تؤدي ردود الفعل هذه إلى تكثيف المعاناة من ضغط العمل.

5-التغذية العكسية:

يميل الأفراد بطبيعتهم إلى معرفة مردود أو صدى نتائج أعمالهم من خلال نظم التغذية العكسية كنوع من التقدير المعنوي لما بذلوه من جهد أو ما قدموه من خدمات وبالتالي فان افتقار المنظمة لنظام متكامل للتغذية العكسية يؤدي إلى شعور الأفراد بالإحباط وعدم التقدير[2].

ثالثاً:المصادر الشخصية:

تلعب الخصائص الشخصية للفرد دوراً هاماً في تحديد مستوى معاناته من الضغط، وردود فعله نحو مسببات الضغط وبصفة عامة يمكن

1- Robert,Baron,**Behavior In Organization** ,Boston,Allyn And Bacon,Inc,1983,P.283.

2- الهنداوي، "استراتيجيات التعامل مع ضغوط العمل"، مرجع سابق، ص .104

القول أن الأفراد لا يستجيبون بنفس الطريقة للمواقف الضاغطة مع ضغط العمل وسنتناول فيما يلي أهم هذه المؤثرات الشخصية:

1-نمط الشخصية A/B:

في فترة السبعينات اتجه اثنان من أخصائي أمراض القلب فريدمان وروزنمان (Friedman and Rosenman) إلى الاهتمام بأمراض الأوعية الدموية فكشفا مجموعة من الأنماط السلوكية التي اتضح أنها مرتبطة بأمراض القلب وصنفا هذه الأنماط السلوكية إلى نمط الشخصية (A) ونمط الشخصية(B)[1].

ويتميز نمط الشخصية (A) بالأقدام والطموح والتنافس والجرأة ويتحدث بانفعال، ويستعجل الآخرين لتنفيذ ما يقوله لهم، ويكافح لإنجاز اكبر عدد من المهام في أقل وقت ممكن، ومشغول دائماً بالمواعيد المقررة لإنجاز الأعمال، وبالرغم من دقته وإنجازه فأنه غير صبور، ويكره الانتظار، ويعيش في صراع مستمر مع الأفراد والأحداث والأشياء.

أما نمط الشخصية(B) فليس لديه أي من هذه الأنماط السلوكية السابقة التي يتصف بها نمط الشخصية (A) على أن هذا لا يعني أن الأفراد من نمط الشخصية(B) لا يتصفون بالتنافس والدافعية للأداء أو انهم غير متفوقين في أدائهم، بل من الممكن أن يكونوا كذلك

1- سيزلاقي ووالأس، السلوك التنظيمي والأداء، مرجع سابق، ص.187.

فالاختلاف الأساسي بين النمطين يكمن في أن نمط الشخصية(A) يسابق الزمن بينما يعتمد الشخص من النمط (B) إلى إيقاع منتظم.

لقد حاول لوثانس(Luthans) أن يفرق بين نمط الشخصية (A) ونمط الشخصية (B) من خلال وصفه لسلوكيات كل منهما، وذلك كما يوضحه بالجدول رقم(2-1) [1]:

جدول رقم(2-1)

الفرق بين نمط الشخصية(A) ونمط الشخصية(B)

نمط الشخصية (A)	نمط الشخصية (B)
-مستعجل دائما. -يمشي بسرعة. -يأكل بسرعة. -غير صبور بسبب ضياع الوقت. -يعمل شيئين في آن واحد. -لا يستمتع بوقت الفراغ. -مشغول بالأرقام. -يقيس النجاح بالكمية. -شديد وعنيف ومنافس.	-ليس في عجلة من آمره دائماً. -متأن في مشيته. -يستمتع بوقته دون إحساس بالذنب. -صبور ولا يؤنب نفسه كثيراً على ضياع الوقت. -ليست لديه مواعيد نهائية لإنجاز الأعمال. -يلعب من آجل المتعة وليس من أجل الكسب. -ذو أسلوب لطيف في الحياة . -لا يهتم بالوقت.

1- F.Luthans, Organizational Behavior,NewYork: Mcgraw-Hill Book ,Commpany,1985,P.130.

وجاء في إحدى الدراسات أن نمط الشخصية(A) منتشر بين المديرين وتبين أن 60% من المديرين ينطبق عليهم خصائص النمط (A) وحوالي 12% من المديرين ينطبق عليهم خصائص النمط(B) واقترحت الدراسة أن نمط الشخصية (A) يساعد الفرد على الصعود إلى المستويات الإدارية الأعلى وأن كان من الممكن أن يكون النمط(B) أكثر نجاحاً في الوظائف الإدارية العليا لما يتميز به من قدر كبير من الصبر والاهتمام البالغ بنتائج قراراته[1].

بالإضافة إلى النمطين السابقين فقد ميز الباحثون كذلك بين الشخصية المنفتحة التي تحب التعامل مع الآخرين والتعاون مع الجماعة والشخصية الأنطوائية التي تحب العزلة والعمل على الانفراد وهي اكثر عرضه للتوتر والقلق من النمط المنفتح لأنها لا تحظى بالمساندة الاجتماعية التي تأتي نتيجة التعامل مع الآخرين وتكوين علاقات تعاونية معهم، كما يفرق بعض الدارسين بين الشخصية الصلبة القادرة على تحمل الضغوط والشخصية الهشة أو الناعمة التي تنهار تحت وطأة الضغط[2].

2-مركز التحكم في الأحداث (Locust Control).

توجد بعض الأدلة التي تربط بين اعتقاد الفرد في مدى تحكمه وسيطرته على الأحداث المحيطة به، وبين الشعور بضغط العمل. حيث

1- عسكر، "متغيرات ضغط العمل"، مرجع سابق، ص 16.

2- المبيضين والحسن، "ضغوط العمل التي يواجهها موظفو الشؤون المالية "، مرجع سابق، ص 161.

تبين بأن هنالك مركزي تحكم أحدهما داخلي والأخر وخارجي، فمركز التحكم الداخلي يعني أن الفرد يعتقد انه يستطيع التحكم والسيطرة على الأحداث المحيطة به بدرجة كبيرة، في حين أن مركز التحكم الخارجي يعني أن الفرد يعتقد أن ما يحدث له يتحدد بعوامل وقوى خارجة عن تحكمه وسيطرته مثل الحظ والصدفة [1].

وتشير نتائج بعض الدراسات أن الأفراد الذين يعتقدون أن مركز التحكم الداخلي يتميزون بأنهم اكثر احتمالا للتهديدات التي يتعرضون لها في حياتهم، واقل معاناة من ضغوط العمل، في حين أن الأفراد الذين يعتقدون في مركز التحكم الخارجي غالبا ما يعانون من مستويات عالية من الضغط لأنهم يعتقدون في كثير من المواقف التي تحيط بهم أنها خارجة عن إرادة الإنسان وسيطرته.

وقد ذكر الدكتور لازاروس (Lazarus) في كتابه (الضغط النفسي وعمليات التكيف) بأنه كلما كانت درجة إدراك الفرد لذاته وقادر على التحكم في الموقف أو المواقف من حوله عالية كانت درجة تعرضه للضغوط قليلة والعكس صحيح، وهذه المقولة تشير إلى أن الشعور بفقدان الأمل وعدم القدرة على التصرف ربما يكون سببا من أسباب الضغوط الزائدة أو الحادة[2].

1- H-Kaha And C.Cooper: Stress In The Dealing Room ;High Performers Under Pressure , London , Routtedge , 1993,P.67.

2- R.S. Lazarus,Psychological Stress And Coping Process New York :Mc Graw Hill,1966,p.126.

3-قدرات الفرد وحاجاته:

من العوامل المؤثرة على مستوى المعاناة من الضغط عملية التوافق بين قدرات الفرد وحاجاته وبين متطلبات محيط العمل، فكلما زاد توافق قدرات الفرد مع متطلبات الوظيفة، وكلما كانت هناك حاجاته مشبعة في وظيفته قلت معاناته من ضغوط العمل فقدرات الفرد وحاجاته هي التي تحدد درجة صعوبة أو سهولة مسببات الضغط بالنسبة له فالعامل الذي يملك مهارات عالية لن يعاني من الضغوط الحادة في مواجهة متطلبات الإنتاج المرتفعة على عكس العامل الذي لا يملك هذه المهارات العالية، والسكرتير الذي لديه مهارات عالية في الكتابة على الآلة الكاتبة يكون أقل عرضه للضغط من السكرتير المبتدئ ومن أمثلة الحاجات غير المشبعة التي تؤثر على مستوى ضغط العمل ما يلي[1]:

- يعاني الفرد الذي يشعر بحاجة قوية للأمن الوظيفي من مستوى عال من الضغط عندما يتعرض لمواقف تهدد أمنه الوظيفي.
- يعاني الفرد الذي يشعر بحاجة قوية إلى الانتماء للجماعة من مستوى عال من الضغط عندما يعمل بمفردة بعيدا عن الجماعة التي يرغب في العمل معها.
- يعاني الفرد الذي يشعر بحاجة قوية للإنجاز من مستوى عال من الضغط عندما يتعرض لمواقف تعيق تحقيق إنجازاته.

1- عسكر، "متغيرات ضغط العمل"، مرجع سابق، ص .20.

4-الحالة النفسية والبدنية:

إن الحالة النفسية والبدنية للفرد لها تأثير على مستوى معاناته من الضغط، فالحالة النفسية للفرد تحدد طبيعته للاستجابة، فالتعب الشديد له تأثير كبير على إدراك مسببات الضغط وبالتالي على مستوى الضغط، وظهر أن الإحباط يقلل من مقاومة مسببات الضغط، والفرد الذي يفتقد الثقة بالنفس والتقدير الذاتي يستجيب بصورة سلبية للمواقف الضاغطة التي تتطلب نوعا من التحدي، وكما تؤثر أيضا الحالة البدنية للفرد على مستوى معاناته من الضغط فالصحة الجيدة تجعل الفرد أقل تعرضاً للمرض في مواجهته مواقف الضغط الحادة[1].

5-الأحداث الضاغطة في حياة الفرد:

هنالك العديد من الأحداث قد يتعرض لها المرء في حياته وتسبب له التوتر والضغط وهي حسب خطورتها وفاة أحد الزوجين أو الطلاق أو الانفصال أو وفاة أحد الأقارب أو المرض أو الزواج فإذا تعرض الفرد لمثل هذه الأحداث فأنها تؤدي إلى اشتغال ذهن الفرد ويؤثر على أدائه لوظيفته الأساسية في المنظمة التي يعمل بها[2]، كما تستنزف جزءا كبير من طاقته وتضعف مقدرته في التعامل مع الضغوط وبالتالي تجعله عرضه

1- John M.Ivancevich And Michael ,Matteson,stress and work:Amanagerial perspecltve,(glen view,Il scott foresman ,1980,pp175-176.

2- محمد الحناوي وآخرون، **أساسيات السلوك التنظيمي**، الدار الجامعية للطباعة والنشر والتوزيع، الإسكندرية، 1999، ص198.

للتوتر والاضطراب وإذا تجمعت عدة أحداث هامة خلال فترة قصيرة فإن تأثيرها يزداد حدة بحيث تجعل الفرد فريسه للمرض إضافة لما يعانيه من اضطرابات نفسية.

وقد تبين وجود علاقة بين كمية التغير التي تحدث للفرد نتيجة للأحداث المريرة والتي يتعرض لها في حياته وبين مدى تعرضه للأمراض اللاحقة لهذه الأحداث[1].

6-الخبـــــرة:

إن العلاقة بين ضغط العمل والخبرة علاقة عكسية، حيث تلعب الخبرة دورا كبيراً في تخفيض الضغط الناتج من بيئة العمل. فالأفراد الذين يستمرون لفترة طويلة في المنظمة يتميزون بأنهم يتمتعون بسمات تعطيهم القدرة على مواجهة المواقف الضاغطة، إضافة لذلك أن هؤلاء الأفراد يطورون مع الوقت وسائل معينة للتعامل مع هذه المواقف لتساعدهم على التكيف معها وتخفيض المعاناة منها[2].

من الاستعراض السابق لمصادر ضغوط العمل يرى بعض الباحثين الذين ينظرون إلى المنظمة على أنها عبارة عن نظام مفتوح تتفاعل مع البيئة المحيطة بها، ويصبح من الصعب أن تفتقر الضغوط التي يتعرض لها الفرد على تلك إلى تحدث داخل المنظمة خلال ساعات العمل فعندما يأتي الفرد إلى المنظمة يأتي ومعه القيم والعادات والتقاليد التي اكتسبها من المجتمع، كما

1- عسكر، "متغيرات ضغط العمل"، مرجع سابق، ص 19.

2- نعيم العبد داوود، "مصادر ضغط العمل "، مرجع سابق، ص44.

ويأتي معه ضغوط الحياة التي يعيشها، وهي بدورها تؤثر على ضغوط العمل كما تتأثر بها ومن بين الضغوط البيئية نذكر منها[1]:-

1- ضغوط الحياة وتأتي في مقدمتها مشاكل الأسرة.

2- الظروف الاقتصادية السائدة واتجاهاتها في المستقبل كالمرور بحالة الكساد أو انخفاض مستويات الدخل أو انتشار البطالة وارتفاع معدلات التضخم.

3- التغيرات الاجتماعية وظهور بعض المشاكل في المجتمع كانتشار المخدرات .

4- تلوث البيئة وسوء تخطيطها وكآبة المظهر العام لها والازدحام.

5- الكوارث الطبيعية والحرائق والحروب.

- آثار ضغوط العمل

هنالك تباين بين الأفراد في طرق التعامل مع الضغط، وبالطبع فان الضغوط التي يتعرض لها الفرد بصفة عامة وفي مجال العمل بصفة خاصة ليست سيئة دائما، إذا أن فيها جوانب إيجابية تعتبر أساسية لبقاء الفرد والمنظمة لأداء وظائفها بشكل طبيعي وذلك إذا كانت هذه الضغوط في حدود المعقول ألا أن اغلب الأبحاث حول عواقب الضغط قد تركزت على أثاره السلبية التي تؤدي دون قيام الفرد والمنظمة بالدور المطلوب منهما ومن هنا فانه يمكننا تصنيف أثار ضغوط العمل إلى صنفين آثار سلبية وآثار إيجابية.

1- لطفي، "نحو إطار شامل لتفسير ضغوط العمل ومواجهتها، مرجع سابق، ص.84.

أولا: آثار ضغوط العمل السلبية

هنالك عدة طرق لتصنيف أثار ضغوط العمل السلبية ألا أننا سنتأول ثلاثاً منها وهي العواقب السلوكية، والعواقب الصحية، والعواقب التنظيمية.

1-العواقب السلوكية:

عندما يتجاوز الضغط المستويات العادية أو المألوفة تظهر ردود فعل سلوكية عديدة تشمل القلق والإحباط والنزعة العدوانية واللامبالاة والملل والاكتئاب والإرهاق والسلوك المنفر والتوتر العصبي.

ومن الأنماط السلوكية التي أثارت اهتماما متزايدا في الأوساط الأكاديمية والإدارية والتي لها ارتباط بالضغط هي إدمان الكحول والمخدرات.

فالإدمان على الكحول وتناول كميات كبيرة من المسكرات تنهك صحة الإنسان وتضعف نشاطه في مجال عمله، ويمكن ملاحظة ذلك المرض على المدير من خلال البطء في إنجاز العمل والتغيب المتكرر وسوء التقدير والمظهر المزري والتوتر العصبي والشكوى المتكررة من المرض[1].

وقد قدرت بعض منظمات الأعمال الأمريكية مثل شركة (AT&T) ومنظمة Rockwell (INT) أن الإنتاجية المهدرة بسبب إدمان بعض العاملين على المخدرات والكحول تكلفهم سنويا اكثر من(2) مليون دولار[2].

1- سيزلاقي ووالأس، **السلوك التنظيمي والأداء**، مرجع سابق، ص.189

2- الهنداوي، "استراتيجيات التعامل مع ضغوط العمل"، مرجع سابق ،.108

2-العواقب الصحية:

يتزايد حجم الدراسات والبحوث التي تشير إلى وجود علاقة بين ضغوط العمل والمشاكل والاضطرابات الصحية، وقد دفعت تلك الأبحاث بعض الباحثين إلى القول بأن اكثر من (50)% من الأمراض التي تصيب الفرد مثل العرق وجفاف الفم والرعشات والصداع المزمن وارتفاع نسبة الجلوكوز في الدم وسرعة ضربات القلب وارتفاع ضغط الدم وأمراض القلب وغيرها أسباب ترتبط بضغوط العمل[1].

كما قام (Kormhauser) بفحص الصحة العقلية لعينة من عمال خطوط الإنتاج في صناعة السيارات واتضح أن(40)% منهم يعاني من أمراض الصحة العقلية، كما تبين أن كلا من الرضا الوظيفي وضغوط العمل والغياب يرتبط مباشرة بخصائص الوظيفة فالملل وعدم التحدي في الوظيفة يرتبط مباشرة بضعف الصحة العقلية مثل الشعور باليأس والعجز والانسحاب والاغتراب والتشاؤوم، واتضح أن (5)% من عمال خطوط الإنتاج يشعرون أن لديهم تأثيرا على المسارات التي تحكم حياتهم بالمقارنة بحوالي (17)% من العمال الذين لا يعملون في داخل المصنع، كما أن العامل الذي يعاني من أمراض الصحة العقلية يميل إلى السلبية وعدم المشاركة في النشاطات الاجتماعية[2].

1- الهنداوي، مرجع سابق، ص108.

2-A.Kormhauser,Amental Health Of The Industrial Worker ,New York:Wiley,1965.

3-العواقب التنظيمية:

كما أن الضغط له تأثير قوي على الجسم والحالة النفسية للفرد فمن المتوقع أن يؤثر الضغط أيضا على سلوك الفرد في عمله .

وقد توصلت الأبحاث إلى نتيجة مؤداها أن التعرض لضغط العمل الحاد والمستمر له تأثير قوي على أنماط متعددة من السلوك التنظيمي أهمها:-

أ-الضغط والأداء:

تشير معظم الدراسات بأن ضغط العمل يؤثر في مستوى الأداء في الكثير من مهام العمل، وتأخذ العلاقة بين الضغط ومستوى الأداء كما هو مبين بالشكل رقم(2-6).

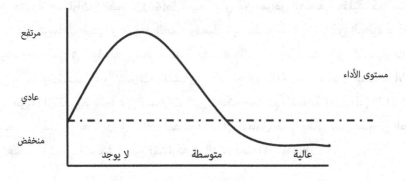

مستويات الضغط

الشكل رقم(2-6) العلاقة بين الضغط والأداء[1]

1- عسكر، "متغيرات ضغط العمل"، مرجع سابق، ص 19.

يلاحظ من الشكل أعلاه عند غياب الضغط أو انخفاض مستواه يحافظ الفرد على مستوى الأداء الحالي أو العادي، وفي هذا المستوى فان الفرد لا يستحث ولا ينشط ولا يعاني من أي ضغط، حيث يرى الفرد انه لا يوجد سبب لتغيير مستوى الأداء.

أما عند مستويات الضغط المتوسطة فإن الفرد يستحث وينشط بدرجة كافية لتحفيزه على زيادة مستوى الأداء، حيث أتضح من إحدى الدراسات أن رجال البيع المديرون عندما يعانون من درجة معتدلة من القلق والإحباط يصلون إلى أفضل مستوى من الأداء.

أما عند مستويات الضغط العالية تبدأ التأثيرات السلبية في الظهور مثل الإجهاد والشعور بعدم الرضا ويبدأ الأداء بالانخفاض حيث تستهلك حدة الضغط انتباه الفرد وطاقته في محاولته تركيز جهوده على تخفيض مسببات الضغط وتبقى طاقته بعد ذلك ضئيلة لأداء الوظيفة وسوف يتم تناول لاحقا نتائج الدراسات التي أجريت حول علاقة ضغوط العمل مع الأداء.

ب-الضغط وترك العمل والغياب:

يمثل ترك العمل والغياب إحدى الوسائل للانسحاب من قبل الأفراد من الوظائف التي يعانوا فيها من مستوى عاليا من الضغط.

وتشير الدراسات إلى أن هنالك علاقة متوافقة بين الضغط وترك العمل والغياب فمثلا اتضح من إحدى الدراسات أن هنالك 22% من كمية الغياب ناشئ من الأمراض البدنية التي لها علاقة مباشرة بضغوط

العمل، ويعتبر ترك العمل والغياب أقل العواقب غير المرغوب فيها عند مقارنتها بالبدائل الأخرى مثل العدوانية واستخدام المهدئات.

ج-العدوانية والتخريب:

إن الإحباط الحاد يؤدي إلى ظهور السلوك العدواني تجاه الأفراد والأشياء ويحدث السلوك العدواني عندما يشعر الفرد بالإحباط ولا يجد وسيلة مقبولة أو مشروعة لمعالجة هذا الإحباط وعلى سبيل مثال عندما يطلب المدير من السكرتير كتابة بعض الخطابات وبعد الانتهاء منها يقال له أن المدير غير رأيه ولم يعد بحاجة إلى هذه الخطابات وفي هذه الحالة قد يلجأ السكرتير المحبط إلي السلوك العدواني مثل سب المدير في الخفاء أو أن يتعمد البطء في إنجاز المهام المكلف بها أحيانا أو محاولة تخريب الآلات كنوع من التنفيس عما يثور بصدر الشخص من غضب نتيجة لضغوط العمل.

ثانياً:آثار ضغوط العمل الإيجابية

إن العديد من المنظمات أن لم يكن جميعها تنظر إلى ضغوط العمل على أنها شر يجب مكافحته وذلك لأثارها السلبية على الفرد والمنظمة معا، ولكن الحقيقة غير ذلك إذ أن لضغوط العمل آثار إيجابية أيضا مرغوبا فيها إلى جانب أثارها السلبية غير المرغوب فيها،ومن الآثار الإيجابية ما يلي[1]:-

---

1- محمود سلمان العميان, **السلوك التنظيمي في منظمات الأعمال**، دار وائل للنشر،ط2،عمان 2004،ص ص 167-.168

1-تحفز على العمل.

2-تجعل الفرد يفكر في العمل.

3-يزداد تركيز الفرد على العمل.

4-ينظر الفرد إلى عمله بتميز.

5-التركيز على نتائج العمل.

6-النوم بشكل مريح.

7-المقدرة على التعبير عن الانفعالات والمشاعر.

8-الشعور بالمتعة والحيوية والنشاط والثقة.

9-النظر للمستقبل بتفاؤل.

- تكاليف ضغوط العمل:

نظراً لعدم توافر بيانات عن تكاليف ضغوط العمل في منظماتنا العربية، فسوف نسترشد بما هو منشور عن هذه التكاليف في الولايات المتحدة الأمريكية على سبيل المثال لا الحصر.

إن الأمراض الناتجة عن ضغوط العمل التي ذكرت لها ارتباط بالتكاليف التي تتكبدها المنظمة،على شكل مصاريف تأمين صحي وعلاج وتعويض، وقد أعلنت جمعية القلب الأمريكية أن أمراض القلب كلفت الولايات المتحدة(46.2) بليون دولار عام 1981وأن(25)% من هذه التكاليف يعزى إلى فقد الإنتاج حيث ان الدولة فقدت حوالي(52) مليون يوم(عمل/فرد) في تلك السنة، ويقدر البعض أن الصناعة في الولايات المتحدة تفقد سنويا(60) بليون دولار بسبب الأمراض المرتبطة بضغوط

العمل وهذه الأرقام توضح حجم التكاليف التي تتكبدها المنظمات الأمريكية في هذا المجال، كما توضح مدى ضخامة مشكلة ضغوط العمل.

يمكن تقسيم ضغوط العمل كما هو متبع في نظم التكاليف إلى قسمين رئيسيين هما:التكاليف المباشرة، والتكاليف غير المباشرة وتتمثل التكاليف المباشرة في بنود تكاليف العضوية أو المشاركة في العمل، وتكاليف الأداء في العمل والتعويضات.

وفيما يلي عرض للبنود التي يمكن ان تدخل تحت كل فئة منها، مع ملاحظة أن كلا منها يخضع للتقدير والحكم الشخصي[1].

1-التكاليف المباشرة لضغوط العمل،تنقسم إلى ثلاث فئات:

أ-تكاليف العضوية أو المشاركة في العمل وتتضمن:

-تكلفة التأخر عن العمل بسبب ضغوط العمل.

-تكلفة الغياب عن العمل، ولا يدخل في ذلك العطلات الرسمية والإجازات.

-تكلفة التوقف عن العمل والإضرابات.

-تكلفة تشغيل عمال إضافيين للإحلال محل المتغيبين عن العمل.

-تكلفة معدل دوران العمل، ولا يدخل في ذلك حالات ترك العمل بسبب التقاعد أو الرغبة الاختيارية في تغيير العمل.

-تكلفة تعيين عمال جدد ليحلوا محل من تركوا العمل في البند السابق وتكلفة تدريبهم.

1- لطفي، "نحو إطار شامل لتفسير ضغوط العمل وكيفية مواجهتها"، مرجع سابق، ص 86-.88

ب-تكاليف الأداء في العمل وتتضمن:

-تكلفة الانخفاض في كمية الإنتاج عن المعدلات الموضوعة.

-تكلفة انخفاض الجودة بسبب ضغوط العمل.

-تكلفة الإصابات وحوادث العمل، وهي لا تقتصر على تكاليف العلاج بـل تتضـمن أيضـا تكاليف الانقطاع عن العمل.

-تكاليف عطل الآلات وإصلاحها.

-تكلفة الفاقد من المواد أثناء العمل.

ج-تكاليف التعويضات التي تتكبدها المنظمة بناء على أحكام قضائية أو طبقا للنظم المعمول بها.

2-التكاليف غير المباشرة لضغوط العمل وتتضمن التكاليف الناجمة عن:

-انخفاض الروح المعنوية.

-سوء الاتصالات (غموض الدور، بطئ الاتصال، تشويه المعلومات).

-اتخاذ قرارات خاطئة.

-سوء العلاقات في العمل(فقد الثقة، المشاجرات).

-تكلفة الفرصة البديلة.

ومن المتوقع ان تواجه الإدارة ورجال التكاليف صعوبة في تقدير هـذه المجموعـة من التكاليف نظرا لتأثرها بالعديد من العوامل.

ويرى الباحث انه لا بد من وضع نظام تكاليف التـي تسـاعد في حصرـ وتقـدير تكاليف ضغوط العمل، وكيفية معالجتها من الناحية المحاسبية،

91

وان يتم وضع مجموعة من الأساليب أو الأدوات التي يمكن استخدامها لقياس ضغوط العمل التي يتعرض لها الأفراد تتماشى مع بيئة المنظمات العربية.

- استراتيجيات إدارة ضغوط العمل:

يقصد باستراتيجيات إدارة ضغوط العمل مجموعة الأساليب والطرق التي تساعد الفرد في التخفيف من حدة ضغوط العمل التي يتعرض لها في المنظمة التي يعمل بها.

وقد ازداد اهتمام الباحثين والكتاب بدراسة العديد من السبل والطرق من أجل التصدي لآثار ضغوط العمل حيث تفاوت هذه الطرق في بساطتها وتعقيدها وواقعيتها، لأن ضغوط العمل تعد مثل المرض كلما اكتشف مبكرا كان علاجه اسهل، وأن اختيار الطريقة الأفضل لتعامل مع ضغوط العمل تتوقف أولا وأخيرا على المرحلة التي بلغتها من حيث شدتها ومدى تطورها، وذلك لان المستويات العالية أو المتدنية من التوتر والقلق والتي تستمر فترات طويلة من الزمن تؤدي إلى انخفاض مستوى الأداء وتتطلب من إدارة الموارد البشرية التصرف واتخاذ إجراءات بشأنها، وبالطبع لن تكون إدارة الموارد البشرية مهتمة كثيرا بمستويات التوتر المتوسطة وذلك لان التوتر في هذه المستويات مفيد ويؤدي إلى حسن الأداء.

ومن جهة أخرى فان هنالك مجموعة من الطرق والاستراتيجيات التي يمكن أن يتبعها الفرد والمنظمة للحد من آثار ونتائج تلك الضغوط مع ملاحظة انه ليس بالضرورة أن الاستراتيجية الناجحة في بيئة ما من الممكن أن تكون فعالة في بيئة أخرى وذلك أن الاستراتيجية الملائمة

تعتمد أساسا على نوع الضغط وخصائص الفرد وبيئة العمل وهذه العوامل تختلف من بيئة لأخرى ولهذا فان الاستراتيجية التي يجب أن نختارها يجب أن تكون مختلفة أيضا[1].

وعلى ضوء ما قامت به إدارة بعض المنظمات تبني استراتيجيات مختلفة لتعامل مع ضغوط العمل فانه يمكن تصنيف استراتيجيات ضغوط العمل إلى مجموعتين[2]:

أولا: الاستراتيجيات الفردية.

ثانياً: الاستراتيجيات التنظيمية.

أولا: الاستراتيجيات الفردية

ويقصد بها تلك الطرق والأساليب التي يستطيع الفرد القيام بها بنفسه لتخفيف من حدة ضغوط العمل التي يتعرض لها.

ويرى الباحثون بأن الفرد يستطيع تجنب ضغوط العمل والتكيف معها بطرق ووسائل عديدة من أهمها:-

1-الفزع إلى الـلـه:

إن الأيمان بالـلـه والفزع إليه يعتبر جزءا من العلاج الطبي والنفسي- في مواجهة الهموم والضغوط، لهذا يجب على الفرد أن يتقي الـلـه عز وجل

1- حريم، **السلوك التنظيمي: سلوك الأفراد في المنظمات**، مرجع سابق، ص.392

2- Newton &Keenan,"Coping With Work Related Stress",Human Relations Journal , Vol.38 , No.2 , 1985.

أولا ثم يتوجه له بالدعاء حين الاضطرار، والإكثار من الاستغفار والتوسل إلى الله عز وجل بالعمل الصالح.

2-الاسترخاء والتأمل:

على الإنسان أن يتعلم كيف يسترخي ويبتعد عن المكان الذي تتواجد فيه المثيرات والمقلقات والمؤثرات الجسدية والنفسية، وإذا قام المرء بذلك لمدة(15-20) دقيقة في اليوم فانه يبتعد عن التوتر والقلق ويشعر بالهدوء والطمأنينة وانخفاض معدل دقات القلب وضغط الدم والتشنج العضلي، وتلطف من بعض آلام العظلات وآلام الظهر كما تعطي نتائج نفسية ملحوظة حيث تخفف من القلق والانهيار مؤقتا[1].

ويعتبر التأمل نوع من أنواع الاسترخاء حيث يختار الفرد وضعا ملائما له ويغلق عينية ويبتعد عن أي تفكير مزعج له ثم يكرر ذلك في السر مقطعا أو قولا مرات كثيرة.

كما توجد أساليب أخرى لتحقيق الاسترخاء كالمهدئات الطبية والتنويم المغناطيسي- والتغذية العكسية.

ونظرا لأهمية التأمل في تخفيف الضغوط العمل وعلاجها فقد قامت بعض المنظمات بتخصيص غرف لموظفيها لغايات التأمل[2].

1- جان ستورا، الإجهاد: أسبابه وعلاجه، ترجمة انطوان الهاشم، منشورات عويدات، بيروت،1997،ص. 112.

2- Fred Luthans,Organization Behavior ,5th Ed(N.Y) Mcgraw –Hill Book,Co.,1989,Pp.292-293.

3-الحمية والتمارين الرياضية:

تساعد الحمية والتمارين الرياضية على الحفاظ على الياقة البدنية للإنسان ومن قواعد الحمية المفيدة الابتعاد عن الأملاح والدهون الدسمة وتناول الخضار والفواكه الغنية بالفتيامينات، فالغذاء الجيد يساعد الجسم على تلقي أثار التوتر ومقاومة أثاره الضارة على الصحة.

كما أن التمارين الرياضية كالسباحة والهرولة وركوب الدراجات والخيول تساعد على التخفيف من مستويات التوتر لدى الإنسان، وتوصف التمارين الرياضية غير المجهدة من قبل الأطباء على الغالب لتساعد على انتظام ضربات القلب وتفريغ الهموم والمصاعب والابتعاد عن ضغوط العمل.

وتبين من خلال البحث العلمي أن الأشخاص الذين يمارسون التمارين الرياضية يوميا بانتظام يظهرون أعراضا مرضية اقل من اؤلئك الذين لا يمارسونها[1].

كما أثبتت الأبحاث أن الأفراد الذين يحافظون على لياقتهم البدنية وعلى أوزانهم يصبحون أقل عرضه للأمراض الناتجة عن التعرض لضغوط العمل مثل أمراض القلب وارتفاع ضغط الدم[2].

1- النجار، **إدارة الموارد البشرية والسلوك التنظيمي**، مرجع سابق، ص 425.

2-محمد شهيب، **العلاقات الإنسانية: مدخل سلوكي**، الشركة العربية للنشر والتوزيع، القاهرة، 1994، ص209.

4-القبول والدعم الاجتماعي:

أن فقدان المساندة الاجتماعية في بيئة العمل يزيد من التوتر، وبشكل معاكس فان وجود الأصدقاء والأقارب والزملاء يساعد على تفريغ شحن الهموم والمتاعب والتنفيس عن النفس في حالات زيادة التوتر، ولذلك فان توسيع نطاق القبول والدعم الاجتماعي يدعم مواقف الإنسان النفسية ويخفف من الآثار الضارة للتوتر.

5-إدارة الوقت:

لا يعرف كثيرون من الأفراد كيف يتحكمون ويستغلون الوقت بشكل مفيد وفعال والفرد الذي يعرف كيف يدير وينظم وقته يحقق ضعف ما يحققه شخص أخر لا يعرف كيف يدير وقته، ومن أهم مبادئ إدارة الوقت ما يلي[1]:

1-ذكر وتحديد الأنشطة والمهمات التي على المرء أن يؤديها يومياً.

2-وضع أولويات وافضليات لهذه الأنشطة والمهمات حسب أهميتها وضرورتها.

3-جدولة الأنشطة والمهام وتحديد الأوقات لأدائها حسب هذه الأولويات.

4-حسن الاستفادة من دورة الإنسان اليومية وأداء المهمات والأنشطة الأكثر إلحاحا خلال فترة الدورة التي يكون فيها يقضا ومنتجاً.

1- النجار، إدارة الموارد البشرية والسلوك التنظيمي، مرجع سابق، ص. 425.

6-العلاج النفسي:

هناك طرق عديدة تعمل على الاحتفاظ بحالة من الصحة الجيدة عند أناس واقعون تحت الضغط الوظيفي، ألا أن إمكانات المقاومات النفسية الفردية قد لا تستطيع مواجهة الصعوبات اليومية التي يتعرض لها الأفراد فمن الضروري عند حدوث القلق أو الانهيار عند الأفراد أو ظهور بعض الاضطرابات الجسدية أن يلجأ هؤلاء الأفراد إلى الأطباء المحللين والمعالجين النفسيين للعلاج[1].

7-الفكاهة:

تشير بعض الدراسات والأبحاث أن الضحك يساعد على تجنب وتخفيف الضغوط التي يواجهها الناس، كما أن بعض الممثلين الهزليين المشهورين ينتمون إلى عائلات كانت تواجه حالات قلق وضغوط متزايدة[2].

ثانياً:الاستراتيجيات التنظيمية

ويقصد بالاستراتيجيات التنظيمية بأنها مجموعة من الطرق والأساليب التي تستطيع المنظمات القيام بها لضبط وتخفيف ضغوط العمل التي يشعر بها أفراد وجماعات التنظيم ومن بين هذه الوسائل والأساليب التي تتبعها المنظمات في هذا المجال ما يلي:

1- ستورا، الإجهاد: أسبابه وعلاجه، مرجع سابق، ص 113.
2- حريم، السلوك التنظيمي: سلوك الأفراد في المنظمات، مرجع سابق، ص.392

1-تحسين عمليات الاختيار والتعيين:

تعد عمليات الاختيار فعالة حين تحقق انسجاما ومواءمة بين سمات الشخص وبين متطلبات الوظيفة، ويجب أن يعطى اهتماما لنمط السلوك A ونمط السلوك B من الأشخاص حيث بينا سابقا بان نمط الشخصية A أكثر ملاءمة في الأعمال التي تتطلب مجهودا وطاقات كبيرة، بينما يلائم نمط الشخصية B الأعمال التي تتطلب دراية وحكمة.

كذلك يجب الانتباه في عمليات اختيار الأشخاص الذين يكون مركز تحكمهم خارجيا بخبرات قليلة فأمثال هولاء الأشخاص يكونوا اكثر عرضة للقلق والتوتر من الذين يكون مركز تحكمهم داخليا من أصحاب الخبرات الطويلة[1].

2-إعادة النظر في تصميم الأعمال:

إذا تبين أن هنالك وظائف يعاني العاملون فيها من ضغوط عمل مرتفعة فانه يجب إعادة النظر في تصميم الأعمال بما يساعد على إثراء الأعمال من خلال تحسين جوانب العمل الذاتية بحيث تعطي شاغلها مسؤوليات ومعنى واستقلالية وتغذية عكسية ومشاركة اكبر في اتخاذ القرارات.

3-تحسين الاتصالات:

تساعد الاتصالات الفعالة على توضيح المهمات والمسؤوليات والأدوار وبالتالي تقلل من غموض الأدوار وتعارضها مع بعضها لبعض، كما بينا

1- النجار، **إدارة الموارد البشرية والسلوك التنظيمي**، مرجع سابق، ص 429.

سابقا فان الأدوار الغامضة والمتعارضة تزيـد مـن عـدم التأكـد والغمـوض وبالتـالي تؤدي إلى القلق والتوتر.

ويمكن أيضا استخدام الاتصالات بشكل إيجابي بحيث تزيل الادراكات السلبية مـن أذهان المرؤوسين لتحل محلها إدراكات إيجابية حول سياسية وأهداف المنظمة وقياداتها.

4-إيجاد مناخ تنظيمي مؤازر للأفراد:

إن إعادة تصميم الهيكل التنظيمي يعتبر مـن أهـم الوسـائل المتبعـة في معالجـة مشاكل الضغوط مثل إضافة مستوى تنظيمي جديد أو تخفـيض مسـتوى أشـراف أو دمـج وظائف،بالإضافة إلى تـوفير مناخ ملائـم يتـيح للأفـراد أكـبر قـدر ممكـن مـن الانفتـاح والمشاركة واللامركزية وتفويض السلطة واللارسمية والمرونة وإمكانيـة توظيـف العلاقـات التنظيمية بين الإدارات والأقسام.

5-أساليب المشاركة في اتخاذ القرارات:

أن إشاعة نظم المشاركة في اتخاذ القرارات من خلال المشاركة في اللجـان أو بـرامج الشكاوي أو من خلال تفويض السلطات للمرؤوسين يخفف من شعور المـوظفين بالغربـة وضغوط العمل ويحفزهم على أداء أعمالهم بدافعيه أكبر[1].

1- ماهر، **السلوك التنظيمي**، مرجع سابق، ص.420.

6-تحسين ظروف العمل المادية:

تشكل ظروف العمل المادية من ضوضاء وأنوار وحرارة ورطوبة وأجهزة ومعدات وغيرها مصدراً من مصادر ضغوط العمل التي ينبغي الاهتمام بها إذا ما أرادت المنظمات تكامل جهودها في سبيل الحد من هذه الضغوط وتوفير البيئة الملائمة لمنتسبيها[1].

7-تحسين في نظم الحوافز وتقييم الأداء:

يجب على أي منظمة ان تضع نظم للحوافز لأفراد التنظيم وتعيد النظر فيها من فترة إلى أخرى وان تضع معايير موضوعية في عملية تقييم الأداء على فترات دورية مناسبة للتأكد من تحقيق هذه النظم لغاياتها وأهدافها.

8-تصميم نظم تدريب متطور:

على المنظمة أن تقوم بوضع برامج تعليمية وتدريبية وإرشادية لمساعدة الأفراد وإقناعهم بوجوب معالجة ضغوط العمل التي يتعرضون لها.

ويرى الباحث إن تدريب الموظف على وظيفته يؤدي إلى زيادة كفاية أدائه وتنمية قدراته مع التعامل على المشاكل الخاصة بالعمل.

9-إدارة ثقافة المنظمة:

إن إدارة ثقافة المنظمة تقتضي أن تقوم الإدارة بتحديد أهم القيم التنظيمية السائدة فيها من أجل أن تخلق نوعاً من التطابق بين هذه القيم وقيم الأفراد العاملين لتصبح جزءا من قيمهم وسلوكهم.

1- هيجان، ضغوط العمل منهج شامل لدراسة مصادرها ونتائجها وكيفية إدارتها، مرجع سابق، ص.407

فإدارة ثقافة المنظمة هي انعكاس لقيم الإدارة وسياساتها وإجراءاتها المتبعة في تحقيق الأهداف وكذلك علاقتها بالأفراد العاملين فيها، فأي إدارة أو مواجهة لضغوط العمل تتطلب من المنظمة توظيف ثقافتها الحالية من أجل التعامل مع هذه الضغوط.

10-أتباع سياسة الديمقراطية الإدارية:

تعد هذه من أفضل الاستراتيجيات المتبعة في امتصاص الضغوط التنظيمية لأنها تتيح للفرد منفساً شرعيا للحديث عما يدور بنفسه وعما يحس به وتستخدم في هذه الاستراتيجية طرائق أهمها[1]:

أ-التمثيل في مجالس الإدارة في المنظمات التي لها مجالس إدارة.

ب-المشاركة في الاجتماعات المشتركة والدورية لمناقشة لأهم المعوقات والمستجدات في العمل.

ج-الاستقصاءات بالبريد أو البحث الميداني الداخلي بالمنظمة.

د-اتباع سياسة الباب المفتوح.

هـ-اللقاءات الاجتماعية والثقافية كالمباريات الرياضية والثقافية ومعسكرات العمل وإقامة الاحتفالات السنوية بمناسبات نمو المنظمة.

ويخلص الباحث بأنه يجب على الإدارة قبل وضع استراتيجياتها لمواجهة ضغوط العمل عليها أن تقوم بإجراء تشخيص دقيق لمعرفة مسببات

1-محسن الخضيري، الضغوط الإدارية: الظاهرة، الأسباب،العلاج، مكتبة مدبولي، القاهرة، 1995، ص .155

ضغوط العمل ومصادرها المختلفة، وما هي أثارها على كل من الفرد والمنظمة، وان تكون عملية التشخيص عملية مستمرة وان يقوم بها فريق من التخصصات المختلفة كالطب وعلم النفس وعلم الاجتماع والتنظيم والإدارة ويستخدم التشخيص أساليب مختلفة كالمقابلات والملاحظة والسجلات والتقارير ومسوح قياس الضغط التي تتلاءم وبيئة المنظمة.

-علاقة ضغوط العمل بالأداء:

لقد شهدت الفترات السابقة بحثا متواصلا عن حلول للمشاكل المتعلقة بالأداء، وأصبح من المهم تحليل وتشخيص سلوك الفرد والجماعة في مكان العمل، حتى نستطيع التعرف على العوامل التي يجب أخذها بالحسبان من أجل أن تحقق الانسجام بين الفرد والعمل ،وتحديد أصل العوامل التي تؤثر في سلوك الأفراد وأدائهم وبالتالي في فعالية التنظيم[1].

ونحن نعلم أن المنظمة بكافة إمكاناتها ومواردها لا يمكن أن تكون فعالة إلا بفاعلية المحرك الفعلي لتلك الموارد المتمثل في الأداء الإنساني[2].

وأن من أهم الموضوعات التي ما زالت تلقى اهتماما وجدلا بحثيا هو موضوع علاقة ضغوط العمل بالأداء، حيث أشارت نتائج الدراسات

1- كامل محمد المغربي، **السلوك التنظيمي: مفاهيم وأسس سلوك الفرد والجماعة في التنظيم**، ط2، دار الفكر للنشر والتوزيع، عمان، 1995، ص8.

2- احمد صقر عاشور، **إدارة القوى العاملة: الأسس السلوكية وأدوات البحث التطبيقي**، الدار الجامعية، الإسكندرية،1986، ص4.

العديـدة التـي أجريـت حـول هـذا المـوضـوع إلى نتـائج مختلفـة وأراء متنوعـة بخصوص طبيعة ونمط هذه العلاقة.

ومن خلال مراجعة الجهود البحثية في هذا المجال تنحصر العلاقة ما بـين ضغوط العمل والأداء في أربعة اتجاهات رئيسية هي[1]:

الاتجاه الأول: العلاقة بين ضغوط العمل والأداء سلبية.

الاتجاه الثاني: العلاقة بين ضغوط العمل والأداء إيجابية.

الاتجاه الثالث: لا توجد علاقة بين ضغوط العمل والأداء.

الاتجاه الرابع: العلاقة بين ضغوط العمل والأداء منحنية.

-الاتجاه الأول: العلاقة بين ضغوط العمل والأداء سلبية.

يؤكد هذا الاتجاه وجود علاقة سلبية بين ضغوط العمل والأداء حيث أن ضغوط العمل ما هي ألا "عوائق للسلوك الإنساني" وعندما يقابل الفرد عوائق في عمله ينفق وقتا طويلا للسيطرة على هذه العوائق، وقد يؤدي الأمر إلى لجوء الفرد لبعض الحيل السياسية في العمل والتدليس والتحايل، والانتقام من العمل، ويمتد تـأثير ضغوط العمل إلى الأداء الجسـمي أيضـا، فيتعـرض الفـرد لضغوط في عمله يـؤدي إلى أمـراض القلـب والتـنفس واضطرابات الهضـم والقرحـة، والروماتيزم وغيرهـا، كـما يمتد التـأثير إلى الأداء العقـلي، فعمليات الحكم والتقدير والاستدلال والتذكر وربط المعلومات تتأثر سلبا بتعرض الأفراد لضغوط العمل ولقد

ــــــــــــــــــــــــ
1- عبد الغني حنفي وآخرون، **محاضرات في السلوك التنظيمي**، مكتبة ومطبعة الإشعاع الفنية، القاهرة، 2002، ص.209.

أثبتت الدراسات أن التعرض إلى الضغوط يؤدي إلى السلبية في العمل،والاتجاه العدواني تجاه الزملاء والرؤساء والمرؤوسين والى السلبية في الأداء وهناك تفسير وجداني ونفسي للعلاقة السلبية بين الضغوط والأداء مؤداها أن الضغوط تفرض على الفرد أن يكون متجها بحواسه وطاقته النفسية والعقلية إلى مصادر الضغوط والى التكيف معها، مما يجعل من الصعب عليه أن يؤدي عمله بانتباه عال، كما أن الضغوط تخلق نوعا من المضايقة والإحباط مما يؤثر سلبا على الحالة المزاجية والدافعية للعمل،وعليه ينخفض مستوى الأداء.

-الاتجاه الثاني: العلاقة بين ضغوط العمل والأداء إيجابية.

وهذا الاتجاه مضاد للسابق، يرى بعض الباحثين أن الضغوط تمثل نوعا من "التحدي" للسلوك الإنساني وتعتبر مشاكل العمل وصعوباته وتوتراته بمثابة تحديات للفرد تبني أنماط بناءة من السلوك وتؤدي إلى أداء أفضل، ويفترض هذا الاتجاه انه في حالة وجود ضغوط منخفضة لا يواجه الفرد أي تحديات تحثه على العمل، وانه بارتفاع حجم الضغوط يزداد التحدي الذي يواجهه الفرد ويرتفع أداؤه بالتبعية.

ويرى الباحث انه يمكن قبول هذا الاتجاه جزئيا فهو أقرب إلى الصحة عند المستويات الدنيا من الضغوط، حيث أن انعدام الضغوط يجعل الأمر غير مثير وغير محفز لجهود الفرد في الأداء، وانه بظهور وارتفاع حجم الضغوط يبدأ الفرد بالشعور بنوع من الإثارة والتحدي للأداء الأفضل، ألا انه من الصعب الاستمرار في قبول مثل هذا الاتجاه

عند المستويات العليا من الضغوط، حيث يحتمل أن ينقلب التحدي إلى نوع من قهر المهارات وإحباط الهمم والقدرات، وبالتالي يتعذر على الفرد أن يؤدي عمله بكفاءة ومما يساعد على قبول تحليل الباحث هو عدم وجود أدلة بحثية كافية تعزز صحة هذا الاتجاه.

-الاتجاه الثالث: لا توجد علاقة بين ضغوط العمل والأداء.

ويرى هذا الاتجاه انه ليس هناك علاقة تذكر بين ضغوط العمل وبين كفاءة الأداء وأصحاب هذا الاتجاه (بالرغم من قلة عددهم) يرون أن الأفراد قد أبرموا عقد نفسيا بينهم وبين المنظمات التي يعملون فيها، وبمقتضى هذا العقد فعليهم أن يقدموا جهودهم وأن يؤدوا العمل بكفاءة، وذلك في مقابل ما يحصلون عليه من أجر ومميزات، ويفترض هذا العقد نوعا من الرشد في الأفراد يجعلهم لا يتأثرون بالضغوط الملقاة على عاتقهم ويجعلهم يحيدون أثرها عليهم أثناء أدائهم للعمل،ويفترض نفس العقد قدرة الأفراد على الفصل التام بين العمل وبين حياة هؤلاء الأفراد، فهم يتوجهون إلى العمل إتماما لشروط العقد،ويخرجون ليمارسوا حياتهم الطبيعية والتي ينصب عليها كل الاهتمام، والتي يستمدون منها كل اشباعاتهم.

وهناك تفسير أخر لنفس الاتجاه يعتمد على قدرة الفرد على التأقلم والتكيف مع الضغوط التي يتعرض لها، وان يتكيف معها، وظهور مثل هذه الضغوط من جديد يعني أن الفرد قادر على أن يتأقلم معها

بسهوله وبالتالي لن تحدث آثارا عقلية ونفسية على الفرد كما أنها لن تحدث أثارا عملية على الأداء.

-الاتجاه الرابع:العلاقة بين ضغوط العمل والأداء منحنية.

ويرى هذا الاتجاه أن هنالك علاقة خطية منحنية(على شكل مقلوب حرف u) بين الضغوط والأداء، ويعتبر هذا الاتجاه أن وجود ضغوط بمستوى ضعيف لا يمثل أي تنشيط لقدرات الأفراد، ولن يؤدي هذا إلى أي ارتفاع في مستوى الأداء، كما أن المستويات العالية من الضغوط تمتص قدرات وجهود الأفراد في محاولة منهم للتأقلم أو السيطرة على هذه الضغوط، ولا يتبقى شيء يذكر من قدرات ونشاط الأفراد يخصص للأداء وتكون النتيجة مستوى متدن من الأداء.

ويفضل هذا الاتجاه توافر حجم متوسط من الضغوط، باعتباره حجما مثاليا في علاقته بالأداء، وذلك لأن الفرد يكون في أعلى مستوى له من النشاط والانتباه، وهو يوجهها نحو تحسين الأداء، ولقد أخذ هذا الاتجاه قبولا من الباحثين والدارسين بعد ظهور نظرية النشاط في الدافعية ثم أثبتت بعض الدراسات الميدانية صحة هذا الاتجاه.

- الخاتمة:

يلاحظ أن ظاهرة ضغوط العمل من الموضوعات الحديثة نسبياً في مجال الإدارة، وان البحث فيها لا يزال في مراحله الأولى من الناحيتين النظرية والعملية، وقد تم التطرق إلى العناصر الرئيسية لظاهرة ضغوط

العمل، وإبراز علاقة التفاعل بين مسببات الضغط وخصائص الفرد، وبينا بان هنالك جانب إيجابي للضغط وجانب سلبي، علما بأن مفهوم الضغط عادة ما ينصرف إلى المعنى السلبي.

وقد تم التطرق إلى النتائج المحتملة لظاهرة الضغط التي تظهر على كل من الفرد والمنظمة حيث تتمثل نتائج الضغط على الفرد من خلال النتائج النفسية والفسيولوجيه والسلوكية، أما نتائجه على المنظمة فيتمثل في انخفاض الأداء وارتفاع التكاليف هذا في حال ظهور الجانب السلبي للضغط، أما الجانب الإيجابي منه فيؤدي إلى النمو والتقدم وتعاظم الأداء لكل من الفرد والمنظمة.

وأخيرا تم مناقشة بعض الاستراتيجيات على المستوى الفرد وعلى مستوى المنظمة التي يمكن استخدامها لمواجهة الجانب السلبي لضغوط العمل.

108

الفصل الثالث
الحكم الإداري في الأردن

- لمحة تاريخية:

تزامن تأسيس وزارة الداخلية مع تشكيل أول حكومة مركزية في شرق الأردن عام 1921، وارتبط أسمها على مدار العقود الماضية بعملية بناء مؤسسات الدولة الأردنية الحديثة ومهمتها حفظ الأمن والنظام وتوفير الخدمة المثلى للمواطنين في الحضر والريف والبادية.

وفي عام 1932 صدر النظام الإداري رقم(2) لسنة 1932 قسمت بموجبة إمارة شرق الأردن إلى ألوية وأقضيه ونواح.

وفي عام 1946 تم إعلان المملكة الأردنية الهاشمية ضمن حدود شرق الأردن وعلى أثرها تم توحيد الضفتين وأصبحت المملكة الأردنية الهاشمية تتكون من الضفة الشرقية والضفة الغربية، وصدر نظام التقسيمات الإدارية رقم(2) لعام 1957، حيث قسمت المملكة إلى ثمانية ألوية (عمان، القدس، نابلس، الخليل، عجلون، البلقاء، الكرك، معان) ويضم كل لواء مجموعة من الأقضية.

وبعد ذلك صدرت العديد من الأنظمة المتعلقة بالتقسيمات الإدارية كان أهمها نظام التقسيمات الإدارية رقم(1) لعام 1966، والذي قسمت المملكة بموجبه إلى خمس محافظات (العاصمة، اربد، البلقاء، معان، الكرك) ومجموعة من الألوية والاقضية والنواحي.

وفي عام 1985 وبموجب نظام التقسيمات الإدارية رقم (35) لسنة 1985 استحدثت ثلاث محافظات جديدة هي (الزرقاء، المفرق، الطفيلة).

وفي عام 1994 تم استحداث أربع محافظات جديدة أخرى هي (مادبا، جرش، عجلـون، العقبة).

وفي عام 1995 جاء نظام التقسيمات الإدارية رقم(31) لسنة 1995 وأجرى تعـديلات في التقسيمات الإدارية دون مستوى المحافظة حيث استحدث عـدد مـن الألوية والاقضية وألغـى مسمى ناحية حيث أصبح عدد الألوية (39) لواء وعدد الاقضية (34) قضاء.

وفي عام 2000 صدر نظام التقسيمات الإدارية رقم(46) لعام 2000 والذي استحدث فيه عددا من الألوية والاقضية حيث أصبحت (49) لواء و(40) قضاء وأبقى على عـدد المحافظات (12) محافظة.

وبعد صدور الإرادة الملكية السامية بترفيع قضاء الرويشد إلى لواء أصبح عـدد الألويـة (50) لواء والاقضية (39) قضاء.

ومما لا شك فيه فإن التقسيمات الإدارية جاءت لمواكبة التطورات السياسية والاجتماعية والاقتصادية في المملكة، وتعزيز مبدأ اللامركزية الإدارية، وتقديم الخدمات المـثلى للمـواطنين في أماكن تواجدهم في الريف والحضر والبادية.

- مفهوم التقسيمات الإدارية:

وتأسيسا على ما سبق، فإن مفهوم التقسيمات الإدارية يعني تقسيم إقليم الدولـة إلى وحدات إدارية وبيان سلطاتها واختصاصاتها وعلاقاتها بالحكومة المركزية[1].

1- خالد سماره الزعبي، القانون الإداري وتطبيقاته في المملكة الأردنية الهاشمية، مكتبة دار الثقافة والنشر والتوزيع، عمان، 1993، ص. 140.

وكما نلاحظ من استعراضنا السابق لتقسيمات الإدارية بان هناك ثلاثة أنواع من الوحدات الإدارية وهي المحافظات والألوية والاقضية، ويعين لكل وحدة إدارية حاكم يطلق عليه حاكم إداري فيسمى حاكم المحافظة محافظا، وحاكم اللواء متصرف، وحاكم القضاء مدير قضاء يعملون جميعا تحت أشراف وزير الداخلية وفقا للقوانين والأنظمة المرعية وما يصدر عن الوزير من تعليمات.

- **التنظيم الإداري لوزارة الداخلية:**

حدد النظام رقم(22)لسنة 1996 التنظيم الإداري لوزارة الداخلية على النحو الأتي:

1-يرتبط كل من مدير الأمن العام ومدير الدفاع المدني العام والمدير العام لدائرة الأحوال المدنية والجوازات العامة بوزير الداخلية، ويكون كل منهم مسؤولا عن تنفيذ المهام والواجبات المناطة به وفقا للقوانين والأنظمة والتعليمات المعمول بها .

2-يرتبط كل من الأمين العام والمحافظون والمستشار القانوني ومدير مكتب الوزير بوزير الداخلية للقيام بالواجبات والمهام المناطة به.

3-ينشأ في مركز الوزارة عدد من المديريات حسب الحاجة ويكون ارتباطها بالأمين العام للوزارة، والشكل رقم(3-1) يوضح الهيكل التنظيمي لوزارة الداخلية.

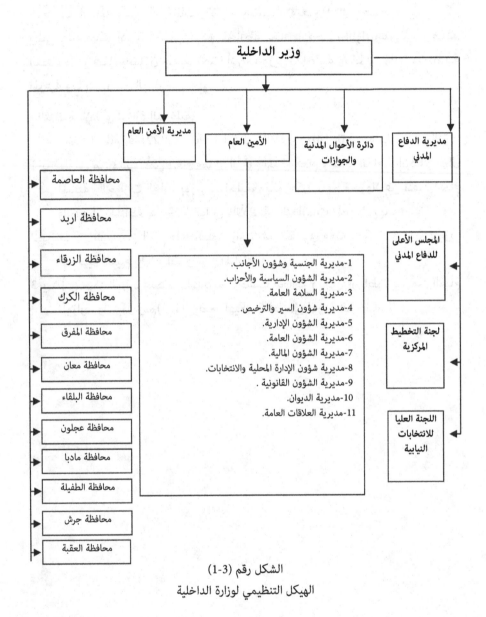

الشكل رقم (3-1)

الهيكل التنظيمي لوزارة الداخلية

112

- **مهام وواجبات وزارة الداخلية:**

تتولى وزارة الداخلية المهام والمسؤوليات المؤكله اليها بمقتضى القوانين والأنظمة المعمول بها ولها في سبيل ذلك القيام بما يلي[1]:

أ-اتخاذ التدابير والإجراءات الخاصة بحفظ الأمن والسلامة العامة في المملكة ومنع الجريمة والعمل على الحيلولة دون وقوعها.

ب-حماية الحريات العامة في حدود الدستور والتشريعات المعمول بها والعمل على تعميق الانتماء للوطن والاعتزاز به.

ج-المشاركة في إعداد مشاريع خطط التنمية في المملكة ومتابعة تنفيذها.

د-الأشراف على مراكز الإصلاح والتأهيل والتفتيش عليها.

هـ-ترخيص الجمعيات العادية والهيئات المماثلة وتسجيلها والأشراف على الانتخابات التي تجرى فيها.

و-تسجيل الأحزاب السياسية وترخيصها.

ز-الترخيص بعقد الاجتماعات العامة ومراقبتها لمنع وقوع ما يخل بالأمن والسلامة العامة فيها.

ح-تنظيم ومراقبة عملية الاتجار بالأسلحة النارية والذخائر واقتنائها وحملها وإصدار الرخص اللازمة لذلك.

1-المادة(3) من نظام التنظيم الإداري لوزارة الداخلية رقم(22) لسنة 1996، المنشور في الصفحة(1252) من عدد الجريدة الرسمية الأردنية رقم(4113) تاريخ 1996/3/23.

ط-المشاركة في وضع السياسة العامة لتنظيم السير على الطرق في المملكة وإصدار التراخيص اللازمة للسواقين والمركبات.

ي-تنظيم الشؤون الخاصة بالدفاع المدني والأشراف على الأعمال واوجه النشاط المتعلقة به في جميع القطاعات.

ك-الأشراف على الانتخابات النيابية والبلدية.

ل-النظر في طلبات الحصول على الجنسية الأردنية والتجنس بها والتخلي عنها وإصدار التنسيبات والتوصيات المتعلقة بها.

م-الأشراف على شؤون الأجانب في المملكة وتنظيم دخولهم اليها أو إقامتهم فيها.

- التشكيلات الإدارية في وزارة الداخلية:

حدد نظام التشكيلات الإدارية رقم (47) لسنة 2000 أهم التشكيلات الإدارية في وزارة الداخلية وعلى النحو الأتي:

1-المحافظ واختصاصاته:

يرأس كل محافظة محافظ يعين بقرار من مجلس الوزراء بناءً على تنسيب وزير الداخلية على أن يقترن القرار بالإرادة الملكية السامية ويؤدي القسم القانوني أمام جلالة الملك قبل ممارسة مهام وظيفته، ويعاونه عدد من المساعدين يعين كل واحد منهم برتبة متصرف.

ولم تحدد التشريعات الشروط الواجب توافرها فيمن يعين محافظا ولكن هناك بعض الشروط المفروضة ضمنا كشرط الجنسية والسن

واللياقة الصحية وحسن السيرة والسلوك وعدم المحكومية الجنائيـة، فتلـك شروط أساسية أولية متطلبة فيمن يتولى الوظيفة العامة[1].

ويشغل المحافظ وظيفة تعتبر من وظائف الفئة العليا المجموعة الثانية التي يترك أمر التعيين فيها وإنهاء خدمات شاغلها لمطلق تقدير الحكومة، إذ يتم التعيين اسـتنادا لاعتبـارات سياسية، لذلك لا يجوز الخلط بين طبيعة الوظيفـة التـي يشـغلها باعتبارهـا وظيفيـة إداريـة تخولـه ممارسة اختصاصاته وصلاحياته وبين الاعتبارات السياسية التي يـتم بمقتضاها اختيـار المحافظ وبالتالي لم يشترط المشرع شرط الخدمة السابقة في وزارة الداخلية كالمتصرف ومدير القضاء لاستيفاء شروط التعيين.

ويعتبر المحافظ رئيس الإدارة العامة، وأعلى سلطة تنفيذية فيها، ويتقدم عـلى جميع موظفي الدولة في منطقة اختصاصه، ويمارس العديد من الاختصاصات منها ما هو مستمد مـن نظام التشكيلات الإداريـة رقـم (47) لسـنة 2000، ومنها مـا هـو مستمد من قوانين أخرى مثل قانون الزراعة، ومنها ما هو مسـتمد مـن تفويضـات إدارية صادرة عن رئيس الوزراء أو الوزراء، واستنادا إلى ذلـك يتـولى المحـافظ المهـام والصلاحيات التالية[2]:

1-على الشطناوي،الإدارة المحلية وتطبيقاتها في الأردن وفرنسا،المركز العربي للخدمات الطلابية،عمان،1994،ص.71.
2-المادة(10) من نظام التشكيلات الإدارية رقم(47) لسنة 2000، المنشورة في الصفحة(3702) من عدد الجريدة الرسمية الأردنية، رقم(4455) تاريخ 2000/9/17م.

أ‌ صون الحريات العامة وحقوق المواطنين.

ب-المحافظة على الأمن العام والاستقرار والسلامة العامة وسلامة الأفراد وممتلكاتهم. واتخاذ الإجراءات الوقائية اللازمة لذلك.

ج-المحافظة على النظام العام والآداب العامة وتأمين الراحة العامة.

د-تعزيز الوحدة الوطنية بين أبناء المحافظة.

هـ -الاهتمام بالمناسبات الدينية والوطنية والإشراف على حسن تنظيمها بالتنسيق مع الجهات المختصة.

و-متابعة قيام دوائر الدولة ومؤسساتها في المحافظة بأعمالها وتنفيذها للقوانين والأنظمة والتعليمات والبلاغات والتوجيهات الرسمية وذلك بالتنسيق مع الجهات ذات العلاقة إذا دعت الحاجة إلى ذلك.

ز-العمل على توفير أفضل الخدمات للمواطنين.

ح-تحقيق العدالة بين الجميع ضمن سيادة القانون وبما لا يتعارض مع استقلال القضاء.

ط-العمل على توفير المناخ الملائم لتشجيع الاستثمار في المحافظة وتوفير متطلبات التنمية الاقتصادية والاجتماعية، واتخاذ الإجراءات اللازمة لتحقيق ذلك بالتنسيق مع الجهات ذات العلاقة.

ي-تفتيش مراكز الإصلاح والتأهيل ودور التوقيف في المحافظة.

م-الأشراف على المجالس المحلية بما يكفل قيامها بواجباتها على أكمل وجه.

ل-المحافظة على ممتلكات الدولة والعمل على تطويرها وحسن استغلالها.

م-عقد الاجتماعات الدورية للمجالس واللجان التي يرأسها واتخاذ الإجراءات اللازمة لتنفيذ القرارات والتوصيات الصادرة عنها.

ك-القيام بوظيفة الضابطة العدلية فيما يتعلق بالجرم المشهود كما هو منصوص عليه في قانون المحاكمات الجزائية ويبلغ المدعي العام ضمن منطقة اختصاصه عن الجرائم غير المشهودة التي يطلع عليها.

2-المجلس التنفيذي في المحافظة واختصاصاته:

يشكل في كل محافظة مجلس تنفيذي برئاسة المحافظ وعضوية كل من نائب المحافظ ومدير الشرطة ومدير الدفاع المدني ومديري الدوائر في المحافظة باستثناء المحاكم ويرأس نائب المحافظ المجلس في حال غياب المحافظ.

يقوم المجلس التنفيذي بتحديد المشاريع التي يرى ضرورة تنفيذها في المحافظة خلال السنة المالية وكلفتها التقديرية وأولوياتها ويقوم المحافظ برفعها للجهات المختصة لإدراجها في الموازنة العامة ومتابعة تنفيذها مع الأجهزة المختصة حسب الأولوية التي يقدرها والإمكانات المتوفرة لها.

كما يتولى المجلس التنفيذي استعراض الأحوال العامة في المحافظة وبحث الأمور المتعلقة بالخدمات العامة فيها، والنظر في أي اقتراح يقدمه أي عضو فيه واتخاذ القرارات اللازمة بشأنها.

117

3-المجلس الاستشاري في المحافظة واختصاصاته:

يشكل في كل محافظة مجلس استشاري برئاسة المحافظ وعضوية عدد من الأشخاص لا يتجاوز عددهم خمسة وعشرين شخصا، يعينون لمدة ثلاث سنوات بقرار من الوزير بناء على تنسيب المحافظ على أن يراعي في التشكيل أعضاء مجلس الأمة في المحافظة ورؤساء المجالس البلدية والغرف التجارية والصناعية والبنوك والجمعيات الخيرية والأندية والنقابات.

ويشترط في عضو المجلس الاستشاري أن يكون أردني الجنسية، واكمل الثلاثين من عمره، مقيما في المحافظة، متمتعا بحقوقه المدنية والسياسية، ويحسن القراءة والكتابة، غير محكوم بجناية أو جنحة مخلة بالشرف والأخلاق.

ويتولى المجلس الاستشاري دراسة الشؤون المتعلقة بالمحافظة والتداول فيها وإصدار التوصيات المناسبة بشأنها بما في ذلك إبداء رأيه في الموازنة السنوية الخاصة بالمحافظة قبل إقرارها من قبل المجلس التنفيذي.

4-المتصرف واختصاصاته:

يرأس كل لواء حاكم إداري يسمى متصرف يعين من قبل وزير الداخلية شريطة أن يكون حاصل على الدرجة الجامعية الأولى على الأقل، وان يكون قد عمل في وزارة الداخلية لمدة لا تقل عن خمس سنوات،

ان لا تقل درجته الوظيفية عن الدرجة الثانية ويعاونه مساعد يكون برتبة مـدير قضاء.

ويعتبر المتصرف رئيس الإدارة العامة في اللواء وأعلى سلطة تنفيذية ويتقدم جميع موظفي الدولة في منطقة اختصاصه، يتولى المهام والواجبات المناطة بالمحافظ في محافظته وعليه تنفيذ تعليمات المحافظ والرجوع إليه في أمور اللواء الهامة وبخاصـة فيما يتعلـق منها بالأمن والنظام العام ولا يجوز له مغادرة منطقة عمله في أي وقـت مـن الأوقـات ألا بإذن من المحافظ.

5-مدير القضاء واختصاصاته:

يرأس كل مديريـة قضاء حـاكم إداري يسـمى مـدير قضـاء يعين مـن قبـل وزيـر الداخلية، يشترط فيمن يعين مدير قضاء أن يكون حاصـلا عـلى الدرجـة الجامعيـة الأولى على الأقل، ان يكون قد عمل في وزارة الداخلية مدة لا تقل عن ثلاث سنوات، وان لا تقـل درجته الوظيفية عن الرابعة.

ويعتبر مدير القضاء رئيس الإدارة العامـة في القضاء وأعـلى سـلطة تنفيذيـة فيهـا ويتقدم على جميع موظفي الدولة في منطقة اختصاصه، ويتولى المهام والواجبات المخولـة له بمقتضى التشريعات المعمول بها، والمحافظة على حقوق الدولة والمواطنين، وعليه تنفيذ تعليمات المحافظ أو المتصرف حسب ارتباطه إداريا في أمـور القضاء الهامـة وبخاصـة مـا يتعلق منها بالأمن والنظام العام، وعلى جميع الـدوائر في القضـاء أن يقـدموا إليـه جميـع البيانات والمعلومات التي من شأنها تسهيل مهمته ولا يجوز له

مغادرة منطقة اختصاصه في أي وقت من الأوقات ألا بعد استئذان المحافظ أو المتصرف حسب ارتباطه الإداري.

وبناء على ما سبق، وفي ظل التطورات والتغيرات المتسارعة والمتلاحقة في مختلف مجالات الحياة الاقتصادية والاجتماعية والسياسية والثقافية وما ترتب على ذلك من زيادة في حاجات ومتطلبات الأفراد الحياتية وتعقد المشكلات التي يواجهونه، طور الدور الذي يمارسه الحاكم الإداري في الأردن من سلطة زجرية تقوم على إصدار الأوامر والنواهي في الماضي إلى سلطة خادمة وراعية وحامية للأمن والطمأنينة العامة والنظام العام، وحلقة وصل بين السلطة المركزية والمواطنين وبكلا الاتجاهين تعمل على تحقيق الرقي والتقدم في مجالات الحياة المختلفة للمجتمع، حتى ليكاد الأمر أن يصل بان يكون للحاكم الإداري علاقة مباشرة أحيانا وغير مباشرة أحيانا أخرى في جميع الأنشطة التي تعمل وتتفاعل في وحدته الإدارية، فتراه يمارس دوره كقاض في القضايا الزراعية وقضايا الحراج ومنع الجرائم، وقاض عشائري في القضايا العشائرية، وتارة أخرى تراه مسؤولا عن سير العمل وأداء الدوائر وفروع الوزارات، وأخرى كمخطط لمشاريع التنمية أو مديرا أو متابعا لها أو مشرفا أو منسقا بين نشاطات الدوائر والمؤسسات في منطقة الاختصاص.

وقد ترسخت طبيعة عمل الحاكم الإداري لدى مواطني وحدته الإدارية الذين أصبحوا يتعاملون معه على اعتبار أنه المسؤول عن قيادة العمل التنفيذي ودفعه لتحقيق الأهداف والنتائج المتوقعة.

وبهذا المفهوم يعتبر الحاكم الإداري الذراع الأيمن للحكومة في مجال إدارة التنمية الشاملة ضمن النطاق الجغرافي الذي يحدد مسؤولياته، وإدارة الحكم الإداري بمفهومها الشامل التي لا تتوقف على تنظيم شؤون الأفراد والمؤسسات والحفاظ على أمنهم واستقرارهم فحسب، بل تتجاوزها إلى ما يعرف بمنهج "التمكين" الذي يعتبر المقوم الرئيس لإحداث التنمية الشاملة والمستدامة في أبعادها الاقتصادية والاجتماعية والسياسية والثقافية.

ولا شك في أن نجاح الحاكم الإداري في منطقته هو نجاح للدولة بأكملها في حال اتباع الحاكم الإداري السياسات والخطط التنموية بشكل ينسجم مع السياسات والخطط التنموية للدولة عموما[1].

- عملية تقييم أداء الحكام الإداريين في الأردن:

يمثل عنصر الأداء الأساس للحكم على فعالية الأفراد والجماعات والمنظمات، وللأداء مستويات مختلفة مثل إنتاج أعمال الأفراد أو سلوك الفرد أو السمات الشخصية للفرد، ولكن أبعاد الأداء الأساسية المطلوبة غالبا هي أن يحقق الأفراد الأهداف والأعمال المحددة لهم وان يستخدموا الموارد المتاحة بشكل اقتصادي ودون إسراف[2].

1- قاسم مهيدات، "عملية اتخاذ القرارات الإدارية لدى الحكام الإداريين في المملكة الأردنية الهاشمية "،رسالة ماجستير غير منشورة، كلية الاقتصاد والعلوم الإدارية، جامعة آل البيت، المفرق، الأردن، 2004، ص.74

2- **علي السلمي**، إدارة الموارد البشرية، **دار غريب، القاهرة، 1997، ص.47**

وحتى نستطيع الحكم على أداء الحكام الإداريين فقد تطرقنا إلى إبراز مهام وواجبات الحكام الإداريين في الأردن، حيث أن تلك المهام والواجبات تحدد أهم الأهداف المرغوب تحقيقها ونوع السلوك الذي يجب ممارسته أثناء تحقيق تلك الأهداف.

وقد وضع نظام الخدمة المدنية رقم(55) لسنة 2002 والصادر بمقتضى المادة 120 من الدستور سجل خاص للأداء تدون فيه الوقائع والملاحظات المتعلقة بالموظف من قبل الرئيس المباشر له، ويعتمد على هذا السجل في عملية تقيم أداء الموظف في نهاية كل عام باستثناء موظفو الفئة العليا، ويسمى هذا السجل سجل الأداء .

حيث ورد في المادة(68) من نظام الخدمة المدنية ما يلي[1]:

تحقيقا للغايات المقصودة من سجل تقييم الأداء تدون في هذا السجل البيانات والملاحظات والوقائع المتعلقة بأداء الموظفين وفقا لتعليمات يصدرها مجلس الخدمة المدنية متضمنة بصورة خاصة ما يلي:

أ-مدى تقيده بأوقات الدوام الرسمي وانتظامه في عمله الوظيفي.

ب-مغادرة الدائرة أثناء الدوام الرسمي لأغراض خاصة ولقضاء أعمال شخصية سواء -بأذن أو بدونه ومجموعة المدد الزمنية للمغادرات في كل شهر.

ج-استقبال الزوار بصورة شخصية ومن غير المراجعين في أمور وأعمال رسمية.

1- المادة(68) من نظام الخدمة المدنية رقم (55) لسنة 2002 المنشورة في الصفحة (2671) من عدد الجريدة الرسمية الأردنية رقم (4550) تاريخ 2002/6/4.

د-السرعة أو التأخر في إنجاز المعاملات التي تحول أو ترسل إليه أو في إنهاء الأعمال التي تناط به.

هـ-مدى الدقة في العمل وتكرار الأخطاء نفسها على الرغم من تنبيهه إليها.

و-إنجازه للعمل المطلوب منه في مدة زمنية محددة ولما أنجزه من هذا العمل.

ز-مستوى الإبداع والابتكار في العمل، ومساهمته في تقديم الاقتراحات والدراسات لتطوير العمل في الدائرة.

ح-الرغبة في الاطلاع على الأعمال والمهام الأخرى للدائرة بصورة عامة والإحاطة بالتشريعات والأساليب المطبقة فيها.

ط-مدى تقبل الأفكار والآراء الجديدة أو المخالفة لأفكاره وآرائه وقدرته على مناقشتها بمرونة دون تعصب.

ي-مقدرته الذاتية في الإقناع وطريقته فيها.

ك-سلوكه مع رؤسائه ومرؤوسيه وزملائه والمتعاملين مع الدائرة وعلاقته بهم وطريقة تعامله معهم.

ل-الإنذارات الموجهة إليه والقرارات التأديبية والأحكام القضائية القطعية الصادرة بحقه سواء أدانته أو بتبرئته.

م-المشاكل الخاصة التي يواجهها والصعوبات المالية أو النفسية أو الجسمية التي يعاني منها، ومدى انعكاسها على عمله في الدائرة وعلى علاقته بالعاملين فيها أو المراجعين لها.

ويمكننا ومن خلال البنود السابقة اخذ فكرة أساسية عن أهم المجالات التي يركز عليها سجل الأداء والتي يحكم من خلالها على

مستوى أداء الأفراد، حيث نلاحظ بـان مستوى الأداء يتوقـف عـلى تـوفر صـفتين أساسيتين هما:

1-القدرة على أداء العمل :وتشمل على عنصرين:

أ-معرفة الفرد: وتتمثل من خلال مستوى الفرد التعليمي وخبرته والبرامج التدريبية التي خضع لها.

ب-مهارة الفرد : وتتمثل من خلال قدرات الفرد المؤروثة أو صفاته مكتسبة .

2-الرغبة في العمل:

هنالك عدة أمور تشترك في زيادة رغبـة الفرد في أداء عملـه مثل الحوافز التي يتقاضاها، ونمط القيادة السائد في المنظمة، ومجموعات العمـل الرسمية وغـير الرسمية، ومشـاركة الفـرد في اتخـاذ القرارات، وسـهولة ووضـوح قنـوات الاتصال داخـل المنظمـة وجميع هذه الأمور تؤدي إلى رفع مستوى أداء الأفراد الذي يقود بدوره إلى رفع مستوى كفاءة المنظمة بشكل عام[1].

وفي وزارة الداخلية باستثناء المحـافظين يتم تقيـيم أداء الحكـام الإداريـين في الأردن بموجب نموذج التقرير السنوي الصادر عـن ديوان الخدمة المدنيـة، والـذي يعبأ من قبل الرئيس المباشر للحاكم الإداري وبشكل سري، حيث يقاس مستوى أداء الحكـام الإداريـين بالاعتماد على أمور عـدة يمكن استخلاصها مـن التقريـر السنوي والذي يعتمد

1- ماهر، السلوك التنظيمي مدخل بناء المهارات، مرجع سابق، ص. 42.

بصورة أساسية على سجل الأداء وما ورد فيه من ملاحظات ومعلومات، حيـث
يركز التقرير السنوي على أربعة جوانب يجب الاهتمام بها وقياسها هي:
1-معرفة وإنجاز الموظف لعمله.
2-انضباط الموظف في العمل.
3-قدرات الموظف في العمل واستعداداته.
4-علاقة الموظف مع الآخرين.

الفصل الرابع
عرض وتحليل بيانات الدراسة الميدانية

- مقدمة:

يهدف هذا الفصل إلى التعريف بالدراسة الميدانية التي قام الباحث بعملها، والتي هدفت إلى الكشف عن ضغوط العمل وإثرها على أداء الحكام الإداريين في الأردن، كما تضمن هذا الفصل بيانا لإجراءات الدراسة من حيث مجتمع الدراسة، أداة الدراسة، صدق الأداة وثباتها بالإضافة إلى وصف مجتمع الدراسة وتحليل واختبار أبعاد الدراسة الثلاثة إذ يبحث كل بعد فيها في مضمون فرضية أساسية واحدة من فرضيات الدراسة، حيث يشمل البعد الأول العوامل التنظيمية والبعد الثاني العوامل الاجتماعية والبعد الثالث العوامل الشخصية والمتغيرات الديمغرافية، كما يحتوي هذا الفصل على نتائج الدراسة وتوصياتها.

- مجتمع الدراسة:

يتكون مجتمع الدراسة من جميع الحكام الإداريين في الأردن من هم برتبة (محافظ، متصرف، مدير قضاء)، ويبلغ عددهم (191) حاكما إداريا، منهم(18) محافظا، و(85) متصرف، و(88) مدير قضاء، وقد قام الباحث بتوزيع (176) استبانه على أفراد مجتمع الدراسة بعد أن تم

127

استبعاد (15) فرد ممن تم تطبيق اختبار الثبات عليه بطريقة الاختبار وإعادة الاختبار.

وقد أعاد للباحث (154) استبانه تشكل ما نسبته (87.5%) من عدد الاستبانات الموزعة، واستبعدت (4) استبانات لعدم اكتمال المعلومات، وبذلك يكون عدد الاستبانات الخاضعة للتحليل (150) استبانه وتشكل ما نسبته (85.2%) من عدد الاستبانات الموزعة وما نسبته (97.4%) من عدد الاستبانات المرتجعة.

- أداة الدراسة:

لتحقيق غرض الدراسة قام الباحث بتطوير استبانه هدفت إلى تحقيق أهداف الدراسة حيث تكونت من جزئيين أساسيين، إضافة إلى صفحة الغلاف وفيما يلي وصف لجزئي هذه الاستبانه:

-الجزء الأول:يحتوي هذا الجزء على المعلومات الشخصية المتعلقة بالحكام الإداريين في الأردن والتي شملت (المركز الوظيفي، العمر، سنوات الخبرة في وزارة الداخلية، سنوات الخبرة في مؤسسات أخرى، المؤهل العلمي، التخصص).

-الجزء الثاني: يشتمل هذا الجزء على(52) فقرة تشمل جوانب الدراسة وموضوعاتها والتي تعكس فرضياتها أيضا، وتقاس كل فقرة بمقياس خماسي مكون من خمسة مستويات للإجابة، وقد تحدثت هذه الفقرات عن بعدين هما:

-البعد الأول:تضمن(43) فقرة وهي ضغوط العمل التنظيمية والتي تؤثر على أداء الحكام الإداريين في الأردن، وقسمت فقرات هذا البعد إلى ستة متغيرات كالتالي:

1-عبء العمل وخصص له (8) فقرات.

2-عملية اتخاذ القرارات وخصص له (6) فقرات.

3-علاقات العمل وخصص له (7) فقرات.

4-الاستقرار الوظيفي وخصص له (8) فقرات.

5-بيئة العمل وخصص له (5) فقرات.

6-الهيكل التنظيمي وخصص له (9) فقرات .

- البعد الثاني:ضغوط العمل الاجتماعية (الواسطة، جماعات الضغط، الزيارات والاتصالات الشخصية) والتي تؤثر على أداء الحكام الإداريين في الأردن وخصص لها (9) فقرات.

- صدق الاستبانه وثباتها:

لمعرفة مدى صدق الاستبانه قام الباحث بعرضها على مجموعة من المختصين في السلوك التنظيمي والأداء في قسم الإدارة العامة والتربية في الجامعة الأردنية وجامعة اليرموك وجامعة آل البيت والجامعة الهاشمية، كما تم عرضها على مجموعة من الإداريين في وزارة الداخلية لتحكيمها من قبلهم وبعد الأخذ بملاحظاتهم وملاحظات الأستاذين المشرفين تم تعديل الاستبانه بما يتناسب مع طبيعة الدراسة حتى أصبحت في صورتها الحالية.

وللتأكد من ثبات الأداة تم توزيع الاستبانه على عينه عشوائية مكونه من(15) حاكما إداريا وبعد أسبوعين تم إعادة الاختبار على نفس العينة، وقد تم احتساب معامل الاتساق الداخلي(كرونباخ ألفا) لجميع فقرات الاستبانه كما هو مبين في الجدول رقم(4-1)، ونلاحظ أن معاملات الاتساق الداخلي كانت أكثر من(70%)، مما يشير إلى قوة الارتباط والاتساق ما بين الإجابتين، كما تدل على ثبات الأداة وقدرتها على قياس الأهداف الموضوعة.

جدول رقم(4-1)
معاملات الاتساق الداخلي(كرونباخ ألفا)

المجال	ألفا
العوامل التنظيمية	93%
العوامل الاجتماعية	90%

- إجراءات الدراسة:

بعد التأكد من صدق وثبات أداة الدراسة، قام الباحث بتوزيع الاستبانات باليد على مجتمع الدراسة البالغ عددهم(176) من خلال زيارتهم في مواقع عملهم في المحافظات والألوية والاقضية، وطلب الباحث منهم الإجابة عن كل فقرة من فقرات الاستبانه بوضع أشار(x) في المكان المناسب لكل فقرة حسب السلم الخماسي، كما بين لهم الباحث بان الإجابات سوف تعامل بسرية تامة ولن تكون إلا لأغراض البحث العلمي

فقط، وان تكون الإجابة بموضوعية من اجل الحصول على معلومات صادقة تخدم البحث موضوع الدراسة.

وقد صنفت الإجابات إلى خمسة مستويات هي:عالي جدا، عالي، متوسط، منخفض، منخفض جدا، بحيث تعطى خمس درجات لإجابة عالي جدا، وأربع درجات لإجابة عالي، وثلاث درجات لإجابة متوسط، ودرجتان لإجابة منخفض، ودرجة واحدة لإجابة منخفض جدا فيكون المدى للمستويات كما يلي:

-المدى من (1-2.49) للدلالة على مستوى منخفض.

-المدى من (2.50-3.49) للدلالة مستوى متوسط.

-المدى من (3.50-5) للدلالة على مستوى عالي.

- المعالجة الإحصائية:

تم استخدام الطرق الإحصائية الوصفية والكمية في تحليل البيانات الواردة في الاستبانه ومنها مقاييس النزعة المركزية ومقاييس التشتت والاختبارات الإحصائية للتأكد من فرضيات الدراسة وكما يلي:

1-المتوسطات الحسابية والانحرافات المعيارية، والتكرارات والنسب المئوية، وذلك لوصف مجتمع الدراسة وتحليل بياناتها.

2-اختبار(ت) (One Sample T-Test)، لمقارنة المتوسط الحسابي المحسوب على كل فرضية مع المتوسط الافتراضي(3)، وذلك لاختبار الفرضية الأولى والثانية.

131

3-اختبار تحليل التباين الأحادي (One Way Anova) لدراسة الفروق الإحصائية في حال الخصائص الديمغرافية، وذلك لاختبار الفرضية الثالثة.

4-معامل الارتباط سبيرمان لمعرفة نوع العلاقة وقوتها بين مجالات الدراسة المختلفة.

وقد أجريت اختبارات الاستقلال عند مستوى دلالة ($0.05 \geq \alpha$)

- عرض وتحليل بيانات الدراسة:

- وصف خصائص أفراد مجتمع الدراسة

للتعرف على خصائص أفراد مجتمع الدراسة تم اعتماد التحليل الوصفي المتمثل بحساب التكرارات والنسب المئوية وذلك وفقا لمتغيرات الدراسة المستقلة، وفيما يلي وصف لخصائص الأفراد وفقا لهذه المتغيرات:

1-المركز الوظيفي:

يوضح الجدول رقم (4-2) توزيع أفراد مجتمع الدراسة وفقا لمتغير المستوى الوظيفي.

جدول رقم(4-2)

توزيع أفراد مجتمع الدراسة وفقا لمتغير المركز الوظيفي

المركز الوظيفي	محافظ	متصرف	مدير قضاء	المجموع
العدد	15	62	73	150
النسبة المئوية	%10	%41.3	48.7	%100

يظهر من نتائج الجدول رقم(4-2) أن عدد الحكام الإداريين ضمن المركز الوظيفي (محافظ) اقل مقارنة بالإفراد من فئتي (متصرف، مدير قضاء)، وهذا يعود إلى طبيعة التسلسل الهرمي للهيكل التنظيمي، حيث أن مدير القضاء والمتصرف يتبعان للمحافظ في السلم الإداري، ومن الطبيعي كلما ارتفع السلم الوظيفي كلما قل عدد شاغليه.

2 -**العمر**

يوضح الجدول رقم (4-3) توزيع أفراد مجتمع الدراسة وفقا لمتغير العمر.

جدول رقم(4-3)

توزيع أفراد مجتمع الدراسة وفقا لمتغير العمر

الفئة العمرية	30-40 سنة	41-50 سنة	51 سنة فأكثر	المجموع
العدد	41	95	14	150
النسبة المئوية	%27.3	%63.3	%9.3	%100

يظهر من نتائج الجدول رقم (4-3) إلى أن اغلب الحكام الإداريين يقعون ضمن الفئة العمرية (41-50) سنة، حيث شكلت هذه الفئة ما نسبته (63.3%) من أفراد مجتمع الدراسة، ويرى الباحث أن ذلك يعود إلى أن وصول الفرد إلى منصب حاكم إداري يتطلب تدرجه في السلم الوظيفي في مستويات مختلفة ومثل ذلك يحتاج لفترة زمنية معينة، إضافة إلى أن عملية تعيين الحاكم الإداري تتم أحيانا من خارج نطاق وزارة الداخلية وذلك من أصحاب الخبرة الذين أثبتوا موجوديتهم في مواقع أخرى

خصوصا تلك المتعلقة بالحكام الإداريين من رتبة محافظ مما أدى لتركز أعمار هؤلاء في الفئة العمرية (41-50) سنة.

3-سنوات الخبرة في وزارة الداخلية

يوضح الجدول رقم (4-4) توزيع أفراد مجتمع الدراسة وفقا لمتغير سنوات الخبرة في وزارة الداخلية.

جدول رقم(4-4)

توزيع أفراد مجتمع الدراسة وفقا لمتغير سنوات الخبرة في وزارة الداخلية

سنوات الخبرة في وزارة الداخلية	5 سنوات فاقل	6-10 سنوات	11-15سنة	16سنة فأكثر	المجموع
العدد	8	23	41	78	150
النسبة المئوية	%5.3	%15.3	%27.3	%52	%100

نلاحظ من نتائج الجدول السابق أن (52%) من أفراد مجتمع الدراسة تزيد مدة خدمتهم عن (16) سنة، حيث يكون الفرد خلالها تنقل بين العديد من المواقع في السلم الإداري حتى وصل إلى رتبة حاكم إداري كون هذه الوظيفة تحتاج إلى خبرة واسعة زمنيا وعمليا، كما نلاحظ تدني نسبة الأفراد ضمن الفئة (5 سنوات فأقل) حيث بلغت (5.3%) وهؤلاء غالبيتهم ضمن فئة محافظ على الأغلب، حيث يتم تعيين الأفراد ضمن هذه الفئة من خارج كادر وزارة الداخلية حيث لم يشترط نظام التشكيلات

الإدارية سنوات الخبرة في وزارة الداخلية والدرجة الوظيفية في تعيين المحافظ بعكس المتصرف ومدير القضاء.

4-سنوات الخبرة في مؤسسات أخرى

يوضح الجدول رقم (4-5) توزيع أفراد مجتمع الدراسة وفقا لمتغير سنوات الخبرة في مؤسسات أخرى.

جدول رقم(4-5)

توزيع أفراد مجتمع الدراسة وفقا لمتغير سنوات الخبرة في مؤسسات أخرى

سنوات الخبرة في مؤسسات أخرى	لا يوجد	5سنوات فاقل	6-10 سنوات	11-15سنة	16سنة فأكثر	المجموع
العدد	68	42	21	9	10	150
النسبة المئوية	%45.3	%28	%14	%6	%6.7	%100

نلاحظ من نتائج الجدول رقم (4-5) بأنه انعكاس لتلك الوارد في الجدول رقم (4-4)، حيث يلاحظ أن الغالبية العظمى من الحكام الإداريين (73.3%) تقل نسبة خدمتهم في الوزارات الأخرى عن (5 سنوات) أو لم يخدم في أية مؤسسة إطلاقا، ويعود ذلك إلى أن هؤلاء الأفراد وخصوصا من فئتي (مدير قضاء ومتصرف) قد أمضى أغلب خدمته في وزارة الداخلية منذ تعينه، في حين تقل النسب المئوية في الفئات الأخرى، وذلك لأن الحاكم الإداري يتم تعينه من داخل كادر وزارة الداخلية باستثناء بعض المحافظين الذين يتم تعينهم من خارج الوزارة.

5-المؤهل العلمي

يوضح الجدول رقم (4-6) توزيع أفراد مجتمع الدراسة وفقا لمتغير المؤهل العلمي.

جدول رقم(4-6)

توزيع أفراد مجتمع الدراسة وفقا لمتغير المؤهل العلمي

المؤهل العلمي	بكالوريوس	دبلوم عالي	ماجستير	دكتوراه	المجموع
العدد	98	10	34	8	150
النسبة المئوية	%65.3	%6.7	%22.7	%5.3	%100

نلاحظ من نتائج الجدول رقم (4-6) أن ما نسبته (65.3%) من أفراد مجتمع الدراسة هم من حملة درجة البكالوريوس، في حين تقل نسبة الأفراد من حملة الدكتوراه لتبلغ (5.3%) بينما شكلت نسبة حملت الماجستير (22.7%) من الأفراد وهي نسبة مقبولة، ويرى الباحث أن ارتفاع نسبة حملة البكالوريوس قد يعود إلى حصول الفرد على هذا المؤهل قبل التحاقه بالعمل، أو بعد التحاقه لتحسين وضعه الوظيفي، حيث تعتبر الشهادة الجامعية الأولى شرطا من الشروط الواجب توافرها في الحاكم الإداري، وعلى الرغم من أعباء العمل والتزاماته فأننا نجد أن حملة الشهادات العليا مناسبة، مما يشير إلى إدراك الحكام الإداريين أهمية تطوير قدراتهم ومهاراتهم العلمية.

6-التخصص

يوضح الجدول رقم (4-7) توزيع أفراد مجتمع الدراسة وفقا لمتغير التخصص.

جدول رقم(4-7)
توزيع أفراد مجتمع الدراسة وفقا لمتغير التخصص

المجموع	علوم أخرى	علوم اجتماعية وتربوية	علوم عسكرية	علوم قانونية	علوم إدارية واقتصادية	التخصص العلمي
150	11	26	2	54	57	العدد
100%	7.3	17.3	1.3	36%	38%	النسبة المئوية

يتبين من الجدول السابق أن ما نسبته (74%) من الحكام الإداريين هم من حملة العلوم الإدارية والاقتصادية والقانونية، وهذا يتوافق مع طبيعة وظيفة الحاكم الإداري الذي تتناول حفظ الأمن والنظام وتطبيق القانون، ومراقبة عمل الدوائر الحكومية ومتابعتها، وتصريف شؤون منطقته، بالإضافة إلى الدور التنموي في متابعة سير وتنفيذ المشاريع التنموية في منطقة اختصاصه، في حين تقل نسبة الأفراد في التخصصات التربوية والاجتماعية والعلوم العسكرية لبعدها عن طبيعة عمل الحاكم الإداري.

- تحليل بيانات مجتمع الدراسة:

وللإجابة عن أسئلة الدراسة والمتعلقة بمدى تأثير ضغوط العمل التنظيمية والاجتماعية في مستوى أداء الحكام الإداريين، تم استخراج المتوسطات الحسابية والانحرافات المعيارية في كل مجال من مجالاتها، وللحكم على المتوسطات الحسابية تم استخدم مقياس التصحيح السالف الذكر.

أولا: العوامل التنظيمية

1-مجال عبء العمل:

يوضح جدول رقم (4-8) المتوسطات الحسابية والانحرافات المعيارية لاستجابات الأفراد حول الفقرات المتعلقة بمجال عبء العمل مرتبة تنازلياً حسب المتوسطات الحسابية.

جدول رقم (4-8)

المتوسطات الحسابية والانحرافات المعيارية لفقرات مجال عبء العمل مرتبة تنازلياً حسب المتوسطات الحسابية

الانحراف المعياري	المتوسط الحسابي	الفقرات	رقم الفقرة	الرتبة
0.97	3.79	كثرة الأعمال التي تتطلب الإنجاز في وقت محدد.	.1	.1
1.02	3.78	عدم ارتباط طبيعة العمل بأوقات وساعات محددة للعمل.	.7	.2
0.98	3.59	كثرة المهام وغير مترابطة مع بعضها والتي تشمل قطاعات مختلفة (أمنية، تنموية، صحية،...).	.6	.3
1.08	3.41	كثرة نشاطات فروع الوزارات والدوائر التي ترتبط بي.	.8	.4

الانحراف المعياري	المتوسط الحسابي	الفقرات	رقم الفقرة	الرتبة
1.10	3.29	كثرة الاجتماعات واللجان التي أشارك فيها.	5.	5.
0.97	3.05	نقص التدريب على بعض الأعمال التي تتطلب مهارات معينة.	2.	6.
1.02	2.97	قلة عدد الموظفين الذين يساهموا معي بالقيام بالواجبات والمسؤوليات الملقاة على عاتقي.	4.	7.
1.20	2.57	تكليفي بمهمات خارج نطاق عملي وعلى حساب وقت العمل الرسمي.	3.	8.
0.65	3.31	المجموع		

تبين نتائج الجدول السابق أن الوسط الحسابي لإجمالي الفقرات المتعلقة بمجال عبء العمل بلغ (3.31) وبانحراف معياري (0.65)، مما يدل على أن الحكام الإداريين في الأردن يعانون من ضغوط عبء العمل تؤثر في مستوى أدائهم وبدرجة متوسطة وقريبة من المرتفع، كما نلاحظ من الجدول أن فقرة "كثرة الأعمال التي تتطلب الإنجاز في وقت محدد"، جاءت في المرتبة الأولى وبمتوسط حسابي (3.79)، تلتها في المرتبة الثانية فقرة "عدم ارتباط طبيعة العمل بأوقات وساعات محددة للعمل" وبمتوسط حسابي (3.78)، تلتها فقرة "كثرة المهام وغير مترابطة مع بعضها والتي تشمل قطاعات مختلفة (أمنية، تنموية، صحية..) والتي بلغ المتوسط الحسابي لها (3.59)، وفقرة "كثرة نشاطات فروع الوزارات والدوائر التي ترتبط بي" بمتوسط حسابي (3.41) وفقرة "كثرة الاجتماعات واللجان

التي أشارك فيها"، فبلغ المتوسط الحسابي لها (3.29)، مما يدل على وجود عبء عمل كمي ناتج عن طبيعة عمل الحاكم الإداري وخصوصا في قضايا منع الجريمة والتي تتطلب اتخاذ كافة التدابير اللازمة للحيلولة دون وقوعها وفي وقت محدد، وكما هو معلوم فان هذه القضايا ليست لها وقت محدد للحدوث، ما يجعل عدم ارتباط طبيعة عمل الحاكم الإداري بساعات عمل محددة، إضافة إلى أن الحاكم الإداري يعتبر رئيس السلطة التنفيذية في منطقة اختصاصه مما يجعله يشرف ويراقب كافة أنشطة الوزارات والدوائر التي تقع ضمن اختصاصه، ويقوم بحضور الاجتماعات واللجان التي تعقد برئاسته، كما يعاني الحكام الإداريين من عبء عمل نوعي ناتج عن قلة التدريب على بعض الأعمال التي تتطلب مهارات معينة وخاصة فيما يتعلق بدور الحاكم الإداري التنموي في متابعة سير وتنفيذ المشاريع التنموية، ويدل الانحراف المعياري في هذا المجال والبالغ (0.65) على درجة اتفاق وانسجام آراء أفراد مجتمع الدراسة حول مدى تأثير هذا المجال على الأداء.

2. مجال عملية اتخاذ القرارات:

يوضح جدول رقم (4-9) المتوسطات الحسابية والانحرافات المعيارية لاستجابات الأفراد حول الفقرات المتعلقة بمجال عملية اتخاذ القرارات مرتبة تنازلياً حسب المتوسطات الحسابية.

جدول رقم (4-9)

المتوسطات الحسابية والانحرافات المعيارية لفقرات مجال عملية اتخاذ القرارات مرتبة تنازلياً حسب المتوسطات الحسابية

الرتبة	رقم الفقرة	الفقرات	المتوسط الحسابي	الانحراف المعياري
1.	5	كثرة الضوابط المؤسسية التي تحكم عملية اتخاذ القرارات.	3.48	0.90
2.	1	عدم وجود آلية مناسبة لتأجيل القرارات التي يجب أن أتخذها.	3.27	0.94
3.	6	عدم توفر الأدوات (أنظمة دعم القرار، أجهزة حاسوب، قواعد، بيانات) التي تمكنني من اتخاذ القرارات في الوقت المناسب.	3.20	1.03
4.	3	قلة مشاركة رؤسائي في اتخاذ القرارات التي تخص عملي.	3.08	1.01
5.	4	عدم توفر المرجعية التشريعية المناسبة عند عملية اتخاذ القرارات.	3.08	1.21
6.	2	عدم كفاية المعلومات اللازمة عند اتخاذ القرارات الإدارية.	3.02	0.93
		المجموع	3.19	0.69

تبين نتائج الجدول رقم (4-9) أن الوسط الحسابي لإجمالي الفقرات المتعلقة بمجال عملية اتخاذ القرارات بلغ (3.19) وبانحراف معياري (0.69)، مما يدل على أن الحكام الإداريين في الأردن يعانون من ضغوط عملية اتخاذ القرارات تؤثر في مستوى أدائهم وبدرجة متوسطة وقريبة من المرتفع، حيث

نلاحظ من الجدول أن كثرة الضوابط المؤسسية التي تحكم عملية اتخاذ القرارات وبمتوسط حسابي (3.48)، وعدم وجود آلية مناسبة لتأجيل القرارات التي يتخذها وبمتوسط حسابي (3.27)، وعدم توفر الأدوات (أنظمة دعم القرارات، أجهزة حاسوب، قواعد بيانات) التي تمكنه من اتخاذ القرارات في الوقت المناسب وبمتوسط حسابي (3.20)، وقلة مشاركة الرؤساء في اتخاذ القرارات التي تخص عمله وبمتوسط حسابي (3.08)، وعدم توفر المرجعية التشريعية المناسبة عند عملية اتخاذ القرارات وبمتوسط حسابي (3.08)، وعدم كفاية المعلومات اللازمة عند اتخاذ القرارات الإدارية بمتوسط حسابي (3.02)، وهذا يعود إلى أن الكثير من القرارات الإدارية التي يتخذها الحاكم الإداري تحكمها قوانين وأنظمة وتعليمات تضبط عملية اتخاذ القرار وهذا يشكل عائقا في القرارات التي لا تحتمل التأجيل خصوصا في الظروف الطارئة مثل الفيضانات والكوارث الطبيعية والمظاهرات، كما أن بعض هذه القوانين قديمة ومتداخلة نسبيا، مما يتطلب ذلك إعادة النظر بها للتوافق ومعطيات العصر من خلال توفير أدوات وتقنيات حديثة (أنظمة دعم القرارات، أجهزة حاسوب، قواعد بيانات) التي تمكن الحاكم من اتخاذ القرار في الوقت المناسب، كما يعاني الحكام الإداريين من انفراد الرؤساء في اتخاذ القرارات والتي تخص عملهم مما ينعكس سلبا على أدائهم في العمل، ويدل الانحراف المعياري لهذا المجال والبالغ (0.69) على درجة اتفاق وانسجام بين أفراد مجتمع الدراسة حول مدى تأثير هذا المجال على الأداء.

3. مجال علاقات العمل

يوضح جدول رقم (4-10) المتوسطات الحسابية والانحرافات المعيارية لاستجابات الأفراد حول الفقرات المتعلقة بمجال علاقات العمل مرتبة تنازلياً حسب المتوسطات الحسابية.

جدول رقم (4-10)

المتوسطات الحسابية والانحرافات المعيارية لفقرات مجال علاقات العمل مرتبة تنازلياً حسب المتوسطات الحسابية

الانحراف المعياري	المتوسط الحسابي	الفقرات	رقم الفقرة	الرتبة
1.08	3.02	قلة تعاون مديري الدوائر في منطقة الاختصاص التي بحوزتهم البيانات والمعلومات.	7	1.
1.05	3.01	فتور العلاقات الاجتماعية وخلوها من روح الجماعة في العمل.	1	2.
1.15	3.01	تدخل الرئيس المباشر وإطلاعه على كل كبيرة وصغيرة في شؤون العمل.	6	3.
1.22	2.91	قلة تقدير الرؤساء لما أقوم به من عمل.	3	4.
1.07	2.86	ضعف تعاون المرؤوسين في تطوير العمل.	5	5.
1.07	2.83	مخالفة الرئيس المباشر لوجهات نظري.	2	6.

الرتبة	رقم الفقرة	الفقرات	المتوسط الحسابي	الانحراف المعياري
.7	4	ضعف العلاقات الودية مع الزملاء.	2.47	1.12
		المجموع	2.87	0.83

تبين نتائج الجدول السابق أن الوسط الحسابي لإجمالي الفقرات المتعلقة بمجال علاقات العمل بلغ (2.87) وبانحراف معياري (0.83)، مما يدل على أن علاقات العمل تؤثر في أداء الحكام الإداريين بدرجة متوسطة وقريبة من المنخفضة، حيث جاءت في المرتبة الأولى فقرة "قلة تعاون مديري الدوائر في منطقة الاختصاص التي بحوزتهم البيانات والمعلومات" وبمتوسط حسابي (3.02) وتلتها في المرتبة الثانية فقرة "فتور العلاقات الاجتماعية وخلوها من روح الجماعة في العمل"، وفقرة "تدخل الرئيس المباشر وإطلاعه على كل كبيرة وصغيرة في شؤون العمل" بمتوسط حسابي لهما (3.01)، أما فقرة "قلة تقدير الرؤساء لما أقوم به من عمل" فبلغ متوسطها الحسابي (2.91)، وتلتها فقرة "ضعف تعاون المرؤوسين في تطوير العمل" بمتوسط حسابي (2.86). وجاءت في المرتبة قبل الأخيرة فقرة "مخالفة الرئيس المباشر لوجهات نظري بمتوسط حسابي (2.83)، أما فقرة "ضعف العلاقات الودية مع الزملاء" التي احتلت المرتبة الأخيرة لهذا المجال فبلغ المتوسط الحسابي لها (2.47)، ونلاحظ أن الحكام الإداريين يعانون وبدرجة متوسطة من عدم تعاون الأفراد والدوائر التي

بحوزتهم المعلومات والبيانات، وقد يكون ذلك ليس من خلال امتناعهم عن تقديم المعلومات والبيانات، إذ يتمتع الحاكم الإداري بصلاحيات واسعة وسلطات كفلها له القانون تجبر حكما في أقامة علاقات تعاون ما بين الرؤساء والمرؤوسين ومدرا الدوائر، ولكن من خلال تقديم بيانات ومعلومات غير دقيقة وغير واضحة ولا تمثل الواقع الحالي، كما يدل الانحراف المعياري البالغ (0.83) على اتفاق وانسجام بين آراء مجتمع الدراسة حول هذا المجال.

4. مجال الاستقرار الوظيفي:

يوضح جدول رقم (4-11) المتوسطات الحسابية والانحرافات المعيارية لاستجابات الأفراد حول الفقرات المتعلقة بمجال الاستقرار الوظيفي مرتبة تنازلياً حسب المتوسطات الحسابية.

جدول رقم (4-11)

المتوسطات الحسابية والانحرافات المعيارية لفقرات مجال الاستقرار الوظيفي مرتبة تنازلياً حسب المتوسطات الحسابية

الرتبة	رقم الفقرة	الفقرات	المتوسط الحسابي	الانحراف المعياري
.1	7	جمود سلم الرواتب المعمول به حالياً.	4.21	0.88
.2	8	عدم وجود معايير موضوعية محددة لتقييم الأداء.	4.17	1.00
.3	3	التنقلات التي لا تتلاءم وظروفي الشخصية.	4.01	0.99
.4	4	التنقلات التي لا تتلاءم ومصلحة العمل.	3.99	1.00

الانحراف المعياري	المتوسط الحسابي	الفقرات	رقم الفقرة	الرتبة
1.37	3.70	غياب الامتيازات الوظيفية (كالإسكان الوظيفي).	6	5.
1.22	3.61	قلة الشعور بالأمان للمستقبل الوظيفي.	2	6.
1.20	3.59	بعد موقع العمل عن مكان إقامتي الأصلية.	5	7.
1.35	3.13	الخوف من التقاعد المبكر قسريا.	1	8.
0.80	3.80	المجموع		

تبين نتائج الجدول السابق ان الوسط الحسابي لإجمالي الفقرات المتعلقة بالاستقرار الوظيفي بلغ (3.80) وبانحراف معياري (0.80)، مما يدل على أن الاستقرار الوظيفي يؤثر في أداء الحكام الإداريين بدرجة مرتفعة، حيث نلاحظ من الجدول أن فقرة جمود سلم الرواتب المعمول به حاليا وبمتوسط حسابي (4.21) جاءت في المرتبة الأولى، تلتها في المرتبة الثانية فقرة "عدم وجود معايير موضوعية محددة لتقييم الأداء" بمتوسط حسابي (4.17)، أما بالنسبة لفقرتي "التنقلات التي لا تتلاءم وظروفي الشخصية" و"التنقلات التي لا تتلاءم ومصلحة العمل" فبلغ المتوسط الحسابي (4.01)، (3.99) على التوالي، وتلتها فقرة "غياب الامتيازات الوظيفية (كالإسكان الوظيفي) بمتوسط حسابي (3.70)، وبلغ المتوسط الحسابي (3.61) لفقرة قلة الشعور بالأمان للمستقبل الوظيفي، وفي المرتبة قبل الأخيرة جاءت فقرة "بعد موقع العمل عن مكان

146

إقامتي الأصلية" بمتوسط حسابي (3.59)، أما بالنسبة للفقرة الأولى في المجال "الخوف من التقاعد المبكر قسرياً" فقد جاءت في المرتبة الأخيرة، وكان المتوسط الحسابي لها (3.13).

ويرى الباحث أن قلة الشعور بالأمان للمستقبل الوظيفي تعزى إلى عدم تناسب الرواتب والأجور والامتيازات الوظيفية مع حجم وطبيعة المسؤوليات الملقاة على كاهل الحاكم الإداري، إضافة إلى أن عملية تقييم الأداء لا تخضع إلى معايير موضوعية ومحددة، علاوة على التنقلات المزاجية التي لا تراعي مصلحة العمل والظروف الشخصية، كما يدل الانحراف المعياري البالغ (0.80) على اتفاق وانسجام بين آراء مجتمع الدراسة حول مدى تأثير هذا المجال في الأداء.

5. مجال بيئة العمل

يوضح جدول رقم (4-12) المتوسطات الحسابية والانحرافات المعيارية لاستجابات الأفراد حول الفقرات المتعلقة بمجال بيئة العمل مرتبة تنازلياً حسب المتوسطات الحسابية.

جدول رقم (4-12)

المتوسطات الحسابية والانحرافات المعيارية لفقرات مجال بيئة العمل مرتبة تنازلياً حسب المتوسطات الحسابية

الرتبة	رقم الفقرة	الفقرات	المتوسط الحسابي	الانحراف المعياري
.1	1	ازدحام المراجعين في مكان العمل.	3.21	1.05
.2	4	عدم توفر تكنولوجيا حديثة مثل الحاسوب في العمل.	2.84	1.15
.3	5	عدم تأثيث مكتبي بما يتلاءم مع وظيفتي.	2.77	0.98
.4	3	نظام التكييف السيئ في مكان العمل.	2.73	1.12
.5	2	الإضاءة غير الجيدة في مكان العمل.	2.28	0.92
		المجموع	2.77	0.71

تبين نتائج الجدول السابق أن الوسط الحسابي لإجمالي الفقرات المتعلقة بيئة العمل بلغ (2.77) وبانحراف معياري (0.71)، مما ويدل على أن بيئة العمل تؤثر على أداء الحكام الإداريين بدرجة متوسطة قريبة من المنخفضة، حيث ظهر أن فقرة "ازدحام المراجعين في مكان العمل" احتلت أهمية الأولى في هذا المجال وبلغ المتوسط الحسابي لها (3.21)، في حين أن فقرة "عدم توفر تكنولوجيا حديثة مثل الحاسوب في العمل" بمتوسط حسابي (2.84)، وفقرة "عدم تأثيث مكتبي بما يتلاءم مع وظيفتي"

بمتوسط حسابي (2.77) وفقرة "نظام التكييف السيئ في مكان العمل" وبلغ المتوسط الحسابي لها (2.73)، وفقرة "الإضاءة غير الجيدة في مكان العمل" وبمتوسط حسابي (2.28)، فقد جاءت هذه الفقرات بدرجة تأثير متوسطة قريبة من المنخفضة.

ولعل ما يفسر تأثير بيئة العمل على الأداء بدرجة متوسطة وقريبة من المنخفضة، ان معظم مكاتب الحكام الإداريين في الأردن مستأجرة وهذا يتطلب في عقد الإيجار أن تكون الأبنية مزودة بالمياه والكهرباء والتدفئة ومكيفة، وقد قامت وزارة الداخلية مؤخرا بتأثيث كافة مكاتب الحكام الإداريين، كما يدل الانحراف المعياري البالغ (0.71) على اتفاق وانسجام بين آراء مجتمع الدراسة حول هذا المجال.

6.الهيكل التنظيمي:

يوضح جدول رقم (13-4) المتوسطات الحسابية والانحرافات المعيارية لاستجابات الأفراد حول الفقرات المتعلقة بمجال الهيكل التنظيمي مرتبة تنازلياً حسب المتوسطات الحسابية.

149

جدول رقم (4-13)

المتوسطات الحسابية والانحرافات المعيارية لفقرات مجال الهيكل التنظيمي مرتبة تنازلياً حسب المتوسطات الحسابية

الرتبة	رقم الفقرة	الفقرات	المتوسط الحسابي	الانحراف المعياري
1.	3	نمط التنظيم البيروقراطي الذي ينظم العمل.	3.58	1.02
2.	1	عدم تفويض صلاحيات كافية لإنجاز العمل.	3.54	1.10
3.	7	الواجبات الملقاة على عاتقي أكبر من الصلاحيات الممنوحة لي.	3.34	1.25
4.	9	كثرة القيود الرسمية في الهيكل التنظيمي.	3.29	1.28
5.	2	غياب التنسيق ما بين جهود الأفراد في الوحدات الإدارية.	3.25	0.98
6.	4	عدم وضوح السلطات والمسؤوليات المنوطة بي.	3.01	1.09
7.	6	غياب الوصف الوظيفي لمهامي.	2.85	1.16
8.	8	ضعف نظام الاتصال بيني وبين من هم أعلى مني مرتبة.	2.83	1.17
9.	5	عدم وضوح إجراءات العمل.	2.81	1.05
		المجموع	3.17	0.88

تبين نتائج الجدول السابق أن الوسط الحسابي لإجمالي الفقرات المتعلقة بالهيكل التنظيمي بلغ (3.17) وبانحراف معياري (0.88)، مما يدل على أن الهيكل التنظيمي يؤثر في مستوى أداء الحكام الإداريين بدرجة متوسطة وقريبة من المرتفع، وهذا ناتج عن النمط البيروقراطي

الذي ينظم العمل بمتوسط حسابي (3.58)، وعدم تفويض صلاحيات كافية لإنجاز العمل بمتوسط حسابي (3.54)، يؤثر بشكل مرتفع على الأداء، أما الواجبات الملقاة على عاتق الحاكم الإداري أكبر من الصلاحيات الممنوحة له، وكثرة القيود الرسمية في الهيكل التنظيمي وغياب التنسيق ما بين جهود الأفراد في الوحدات الإدارية وعدم وضوح السلطات والمسؤوليات فهي من الفقرات التي حصلت على مستوى تأثير متوسطة وقريبة من المرتفع ،أما بقية الفقرات ضمن هذا المجال فقد حصلت على درجة متوسطة وكان أقلها عدم وضوح إجراءات العمل حيت كان متوسطها الحسابي (2.81)، كما يدل الانحراف المعياري البالغ (0.88) على اتفاق وانسجام بين آراء مجتمع الدراسة حول مدى تأثير هذا المجال في الأداء.

ثانيا: العوامل الاجتماعية

يوضح جدول رقم (4-14) المتوسطات الحسابية والانحرافات المعيارية لاستجابات الأفراد حول الفقرات المتعلقة بمجال العوامل الاجتماعية مرتبة تنازلياً حسب المتوسطات الحسابية.

جدول رقم (4-14)

المتوسطات الحسابية والانحرافات المعيارية لفقرات مجال العوامل الاجتماعية مرتبة تنازلياً حسب المتوسطات الحسابية

الرتبة	رقم الفقرة	الفقرات	المتوسط الحسابي	الانحراف المعياري
.1	1	ضغوط الوساطات عند عملية اتخاذ القرارات.	3.87	1.07
.2	3	مراعاة العادات والتقاليد الاجتماعية السائدة في منطقة الاختصاص.	3.87	0.99
.3	9	تأثر العلاقات الأسرية بساعات العمل الطويلة.	3.55	1.13
.4	7	كثرة الضغوط العشائرية أو الفئوية أو الحزبية لتوجيه القرارات نحو مصالحهم.	3.51	1.17
.5	2	الإشاعات والأقاويل التي يطلقها ذوي المصالح الخاصة حولي.	3.33	1.26
.6	6	إلحاح المراجعين في إنجاز مطالبهم والمخالفة لتعليمات.	3.30	1.09
.7	8	ضغوط أصحاب النفوذ الاقتصادي لإنجاز طلباتهم.	3.15	1.22
.8	4	كثرة الاتصالات الهاتفية التي تردني لأغراض غير رسمية.	3.13	1.18
.9	5	كثرة الزيارات الشخصية لمكان عملي لأغراض غير رسمية.	3.12	1.13

الرتبة	رقم الفقرة	الفقرات	المتوسط الحسابي	الانحراف المعياري
		المجموع	3.43	0.86

تبين نتائج الجدول السابق أن الوسط الحسابي لإجمالي الفقرات المتعلقة بالعوامل الاجتماعية بلغ (3.43) وبانحراف معياري (0.86)،)، ويدل ذلك على أن العوامل الاجتماعية تؤثر على أداء الحكام الإداريين بدرجة متوسطة وقريبة من المرتفع، حيث يوضح الجدول السابق أن كثرة ضغوط الوساطات عند عملية اتخاذ القرارات ومراعاة العادات والتقاليد الاجتماعية السائدة في منطقة الاختصاص جاءتا في المرتبة الأولى وبمتوسط حسابي بلغ(3.87) وتلتهما فقرة "تأثر العلاقات الأسرية بساعات العمل الطويلة" بمتوسط حسابي (3.55)، وفقرة "كثرة الضغوط العشائرية أو الفئوية أو الحزبية لتوجيه القرارات نحو مصالحهم" بمتوسط حسابي (3.51)، فقد جاء تأثير هذه الفقرات على الأداء بدرجة مرتفعة.

وهذا يعزى إلى أن الحكام الإداريين يتخذون قرارات متنوعة "صحية، وتنموية، أمنية..." ذات صلة بالمجتمع المحلي أفرادا وجماعات مما يحتم عليهم وجوب مراعاة العادات والتقاليد السائدة وتجعله عرضة لمثل هذه الضغوط للتأثير على هذه القرارات وتوجيها نحو خدمة مصالحهم، وأن عدم أتباع هذه العادات والتقاليد لها انعكاساتها السلبية على شخص الحاكم الإداري إذا لم يتجاوب معها تجاوبا لائقاً.

كما نلاحظ أيضا بأن الإشاعات والأقاويل التي يطلقها ذوي المصالح الخاصة حول الحاكم الإداري والتوسط لإنجاز معاملات غير قانونية وغير مكتملة وكثرة الزيارات لمكان العمل بلا مواعيد وكثرة الاتصالات الهاتفية غير المبرمجة تؤثر على الأداء بدرجة متوسطة وقريبة من المرتفع، كما يدل الانحراف المعياري البالغ (0.88) على اتفاق وانسجام بين آراء أفراد مجتمع الدراسة حول مدى تأثير هذا المجال في الأداء.

- اختبار الفرضيات

الفرضية الأولى: "توجد علاقة ذات دلالة إحصائية بين مسببات ضغوط العمل التنظيمية ومستوى أداء الحكام الإداريين في الأردن".

ويتفرع منها الفرضيات الفرعية التالية:

1-توجد علاقة ذات دلالة إحصائية بين ضغوط عبء العمل ومستوى أداء الحكام الإداريين.

جدول رقم (4-15)

المتوسط الحسابي والانحراف المعياري وأختبار (ت) لمجال عبء العمل ومستوى أداء الحكام

المجال	الوسط الحسابي	الانحراف المعياري	قيمة T المحسوبة	قيمة T الجدولية	مستوى الدلالة
عبء العمل	3.31	0.65	5.741	1.645	000.

يبين الجدول السابق أن متوسط آراء أفراد مجتمع الدراسة حول أثر ضغوط عبء العمل في مستوى أداء الحكام الإداريين في الأردن بلغ

(3.31) وبانحراف معياري (0.65)، وعند مقارنة هذا الوسط مع المتوسط الافتراضي (3) باستخدام اختبار العينة الأحادية (T-test) الذي يقوم على قبول الفرضية إذ كانت قيمة T المحسوبة أكبر من قيمة T الجدولية، ورفضها إذا كانت قيمة T المحسوبة أقل من قيمة T الجدولية، ويلاحظ من الجدول رقم (4-15) بان قيمة T المحسوبة تســاوي (5.741) أكبر من قيمة T الجدولية التي تساوي (1.645) عند مستوى دلالة ($\alpha \geq 0.05$)، لذلك نقبل الفرضية وهي بوجود علاقة بين ضغوط عبء العمل ومستوى أداء الحكام الإداريين في الأردن.

ويمكن تبرير ذلك كما ذكرنا سابقا بأن هنالك عبء عمل كمي ناتج من طبيعة عمل الحاكم الإداري وخصوصا في قضايا منع الجرائم والفيضانات والمظاهرات التي تتطلب اتخاذ التدابير اللازمة في وقت محدد لكي لا تتفاقم المشكلة، وهذه الأعمال كما هو معلوم ليس لها وقت محدد لحدوثها مما يجعل عدم ارتباط طبيعة العمل بساعات معينة، إضافة إلى ان الحاكم الإداري يعتبر رئيس السلطة التنفيذية في منطقة اختصاصه مما يتطلب منه متابعة كافة نشاطات فروع الوزارات في منطقة اختصاصه والتي تشمل قطاعات متنوعة (أمنية،تنموية،صحية) وغير مترابطة، ويقوم برئاسة الاجتماعات واللجان التي تعقد برئاسته لمناقشة هذه القضايا، كما ويرى الباحث بأن هنالك عبء عمل نوعي ناتج عن نقص التدريب على بعض الأعمال التي تتطلب مهارات معينة لإنجازها.

2- توجد علاقة ذات دلالة إحصائية بين عملية اتخاذ القرارات ومستوى أداء الحكام الإداريين.

جدول رقم (4-16)

المتوسط الحسابي والانحراف المعياري واختبار (ت) لمجال عملية اتخاذ القرارات

المجال	الوسط الحسابي	الانحراف المعياري	قيمة T المحسوبة	قيمة T الجدولية	مستوى الدلالة
عملية اتخاذ القرارات	3.19	0.69	3.327	1.645	0.001

يبين الجدول السابق أن متوسط آراء أفراد مجتمع الدراسة حول أثر ضغوط عملية اتخاذ القرارات في مستوى أداء الحكام الإداريين في الأردن بلغ (3.19) وبانحراف معياري (0.69)، وعند مقارنة هذا الوسط مع المتوسط الافتراضي (3) باستخدام اختبار العينة الأحادية (T-test) الذي يقوم على قبول الفرضية اذ كانت قيمة T المحسوبة أكبر من قيمة T الجدولية، ورفضها إذا كانت قيمة T المحسوبة أقل من قيمة T الجدولية، ويلاحظ من الجدول رقم (4-16) بان قيمة T المحسوبة تساوي (3.327) أكبر من قيمة T الجدولية التي تساوي (1.645) عند مستوى دلالة ($\alpha \leq 0.05$)، لذلك نقبل الفرضية وهي بوجود علاقة بين ضغوط عملية اتخاذ القرارات ومستوى أداء الحكام الإداريين في الأردن.

ويعزى ذلك كما بينا سابقا أن الكثير من القرارات التي يتخذها الحاكم الإداري تحكمها قوانين وأنظمة وتعليمات تضبط عملية اتخاذ القرارات، وأن معظم هذه القرارات آنية لا تسمح التأجيل مثل المظاهرات

والكوارث الطبيعية، إضافة إلى قدم التشريعات وتداخلها وعدم توفر أدوات وتقنيات حديثة مثل (أجهزة حاسوب، أنظمة دعم القرار، قواعد بيانات) تساعد في اتخاذ القرار بالوقت المناسب، إضافة إلى معاناة الحكام الإداريين من انفراد الرؤساء في اتخاذ القرارات وخاصة في الأعمال التي تخص عملهم.

3- توجد علاقة ذات دلالة إحصائية بين ضغوط علاقات العمل ومستوى أداء الحكام الإداريين.

جدول رقم (4-17)

المتوسط الحسابي والانحراف المعياري واختبار (ت) لمجال ضغوط علاقات العمل

المجال	الوسط الحسابي	الانحراف المعياري	قيمة T المحسوبة	قيمة T الجدولية	مستوى الدلالة
علاقات العمل	2.87	0.83	1.911-	1.645	0.085

يبين الجدول السابق أن متوسط آراء أفراد مجتمع الدراسة حول أثر ضغوط علاقات العمل على أداء الحكام الإداريين في الأردن بلغ (2.87) وبانحراف معياري (0.83)، وعند مقارنة هذا الوسط مع المتوسط الافتراضي (3) باستخدام اختبار العينة الأحادية (T-test) الذي يقوم على قبول الفرضية إذ كانت قيمة T المحسوبة أكبر من قيمة T الجدولية، ورفضها إذا كانت قيمة T المحسوبة أقل من قيمة T الجدولية، ويلاحظ من الجدول رقم (4-17) بان قيمة T المحسوبة تســاوي (-1.911) أقل من قيمة T الجدولية التي تساوي (1.645) عند مستوى دلالة ($\alpha \leq 0.05$)

لذلك نرفض الفرضية التي تنص على وجود علاقة بين ضغوط علاقات العمل ومستوى أداء الحكام الإداريين في الأردن ونقبل الفرضية العدمية التي تنص "لا توجد علاقة بين ضغوط علاقات العمل ومستوى أداء الحكام الإداريين"

ويمكن تبرير ذلك كما أوضحنا سابقا بأن صلاحيات الحاكم الإداري الواسعة والتي تحكمها قوانين وأنظمة وتعليمات، تفرض حكما إقامة علاقات تعاون مشتركة ما بين الرؤساء والمرؤوسين ومديري الدوائر في منطقة الاختصاص.

4- توجد علاقة ذات دلالة إحصائية بين الاستقرار الوظيفي ومستوى أداء الحكام الإداريين.

جدول رقم (4-18)

المتوسط الحسابي والانحراف المعياري واختبار (ت) لمجال الاستقرار الوظيفي

المجال	الوسط الحسابي	الانحراف المعياري	قيمة T المحسوبة	قيمة T الجدولية	مستوى الدلالة
الاستقرار الوظيفي	3.80	0.80	12.261	1.645	0.000

يبين الجدول رقم (4-18) أن متوسط آراء أفراد مجتمع الدراسة حول أثر ضغوط الاستقرار الوظيفي في مستوى أداء الحكام الإداريين في الأردن بلغ (3.80) وبانحراف معياري (0.80)، وعند مقارنة هذا الوسط مع المتوسط الافتراضي (3) باستخدام اختبار العينة الأحادية (T-test) الذي يقوم على قبول الفرضية إذ كانت قيمة T المحسوبة أكبر من قيمة T الجدولية، ورفضها إذا كانت قيمة T المحسوبة أقل من قيمة T الجدولية، ويلاحظ من الجدول رقم(4-18) بان قيمة T المحسوبة تساوي (12.261) أكبر من قيمة T

الجدولية التي تساوي (1.645) عند مستوى دلالة (α ≤ 0.05) ذلك نقبل الفرضية وهي بوجود علاقة بين ضغوط الاستقرار الوظيفي ومستوى أداء الحكام الإداريين في الأردن.

ويعزى ذلك إلى جمود سلم الرواتب المعمول به حاليا، وارتفاع تكاليف المعيشة، وتأكل الدخول التي يتقاضونها، والتنقلات التي لا تراعي مصلحة العمل والظروف الشخصية، لاستنادها لأسس مزاجية شخصية، وعدم استناد عملية تقييم الأداء إلى أسس موضوعية عادلة، إضافة إلى غياب الامتيازات الوظيفية .

5-توجد علاقة ذات دلالة إحصائية بين ضغوط بيئة العمل ومستوى أداء الحكام الإداريين.

جدول رقم (19-4)

المتوسط الحسابي والانحراف المعياري واختبار (ت) المجال ضغوط بيئة العمل

مستوى الدلالة	قيمة T الجدولية	قيمة T المحسوبة	الانحراف المعياري	الوسط الحسابي	المجال
0.062	1.645	-4.027	0.71	2.77	بيئة العمل

يبين الجدول السابق أن متوسط آراء أفراد مجتمع الدراسة حول أثر ضغوط بيئة العمل ومستوى أداء الحكام الإداريين في الأردن بلغ (2.77)

159

وبانحراف معياري (0.71)، وعند مقارنة هذا الوسط مع المتوسط الافتراضي (3) باستخدام اختبار العينة الأحادية (T-test) الذي يقوم على قبول الفرضية إذ كانت قيمة T المحسوبة أكبر من قيمة T الجدولية، ورفضها إذا كانت قيمة T المحسوبة أقل من قيمة T الجدولية، ويلاحظ من الجدول رقم (4-19) بان قيمة T المحسوبة تســاوي (-4.027) أقل من قيمة T الجدولية التي تساوي (1.645) عند مستوى دلالة ($\alpha \leq 0.05$) لذلك نرفض الفرضية التي تنص على وجود علاقة بين ضغوط بيئة العمل ومستوى أداء الحكام الإداريين في الأردن ونقبل الفرضية العدمية التي تنص "لا توجد علاقة بين ضغوط بيئة العمل ومستوى أداء الحكام الإداريين في الأردن".

وقد لاحظنا بأنه باستثناء فقرة ازدحام المراجعين في مكان العمل التي احتلت المكانة الأكثر أهمية ضمن هذا المجال أما بقية الفقرات فجاءت قريبة من المنخفض حيث أن معظم مكاتب الحكام الإداريين مستأجرة مما يستدعي ان تكون مزودة بالكهرباء والمياه والتدفئة والتكييف، إضافة إلى ما قامت به الوزارة في السنوات الأخيرة بتأثيث مكاتب الحكام الإداريين .

6-توجد علاقة ذات دلالة إحصائية بين ضغوط الهيكل التنظيمي ومستوى أداء الحكام الإداريين.

جدول رقم (4-20)

المتوسط الحسابي والانحراف المعياري واختبار (ت) لمجال ضغوط الهيكل التنظيمي

المجال	الوسط الحسابي	الانحراف المعياري	قيمة T المحسوبة	قيمة T الجدولية	مستوى الدلالة
الهيكل التنظيمي	3.17	0.88	2.343	1.645	0.020

يبين الجدول السابق أن متوسط آراء أفراد مجتمع الدراسة حول أثر ضغوط الهيكل التنظيمي في مستوى أداء الحكام الإداريين في الأردن بلغ (3.17) وبانحراف معياري (0.88)، وعند مقارنة هذا الوسط مع المتوسط الافتراضي (3) باستخدام اختبار العينة الأحادية (T-test) الذي يقوم على قبول الفرضية إذ كانت قيمة T المحسوبة أكبر من قيمة T الجدولية، ورفضها إذا كانت قيمة T المحسوبة أقل من قيمة T الجدولية، ويلاحظ من الجدول رقم (4-20) بان قيمة T المحسوبة تساوي (2.343) أكبر من قيمة T الجدولية التي تساوي (1.645) عند مستوى دلالة (α ≤ 0.05) لذلك نقبل الفرضية وهي بوجود علاقة بين ضغوط الهيكل التنظيمي ومستوى أداء الحكام الإداريين في الأردن.

ويعزى ذلك إلى الروتين في العمل وكثرة القيود الرسمية في الهيكل التنظيمي، والمركزية في اتخاذ القرارات، وعدم تفويض صلاحيات

كافية لإنجاز الأعمال، وغياب التنسيق في العمل مما يجعل الواجبات المطلوبة من الحاكم الإداري اكبر من الصلاحيات الممنوحة له.

من هنا نجد أن الفرضية الأولى والتي تنص "توجد علاقة ذات دلالة إحصائية بين مسببات ضغوط العمل التنظيمية ومستوى أداء الحكام الإداريين في الأردن".

فإن الفرضية تقبل في المجالات (عبء العمل، عملية اتخاذ القرارات، الاستقرار الوظيفي، الهيكل التنظيمي) وترفض في المجالين (علاقات العمل، وبيئة العمل).

الفرضية الثانية: توجد علاقة ذات دلالة إحصائية بين مسببات ضغوط العمل الاجتماعية (الواسطة وجماعات الضغط والزيارات والاتصالات الشخصية) ومستوى أداء الحكام الإداريين في الأردن.

جدول رقم (4-21)

المتوسط الحسابي والانحراف المعياري واختبار (ت) لمجال العوامل الاجتماعية

مستوى الدلالة	قيمة T الجدولية	قيمة T المحسوبة	الانحراف المعياري	الوسط الحسابي	المجال
0.000	1.645	6.095	0.86	3.43	العوامل الاجتماعية

يبين الجدول السابق أن متوسط آراء أفراد مجتمع الدراسة حول أثر ضغوط العوامل الاجتماعية في مستوى أداء الحكام الإداريين في الأردن بلغ (3.43) وبانحراف معياري (0.86)، وعند مقارنة هذا الوسط مع

المتوسط الافتراضي (3) باستخدام اختبار العينة الأحادية (T-test) الذي يقوم على قبول الفرضية إذ كانت قيمة T المحسوبة أكبر من قيمة T الجدولية، ورفضها إذا كانت قيمة T المحسوبة أقل من قيمة T الجدولية، ويلاحظ من الجدول رقم(4-21) بان قيمة T المحسوبة تساوي (6.095) أكبر من قيمة T الجدولية التي تساوي(1.645) عند مستوى دلالة ($\alpha \leq 0.05$) لذلك نقبل الفرضية وهي بوجود علاقة بين ضغوط العوامل الاجتماعية ومستوى أداء الحكام الإداريين في الأردن.

ويعود ذلك إلى كثرة الوساطات والتدخل الخارجي عند اتخاذ القرارات، أو التوسط لإنجاز معاملات غير قانونية أو غير مكتملة، وكثرة الزيارات الشخصية لمكان العمل بلا مواعيد وكثرة الاتصالات الهاتفية غير المبرمجة، كما أن الحكام الإداريين يتخذون قرارات متنوعة "صحية وتنموية ،أمنية..." ذات صلة بالمجتمع المحلي أفرادا وجماعات مما يحتم عليهم وجوب مراعاة العائدات والتقاليد السائدة في المجتمع المحلي وتجعلهم عرضة لمثل هذه الضغوط للتأثير على هذه القرارات وتوجيها نحو خدمة مصالحهم.

وتتفق هذه النتيجة مع النتيجة التي توصل إليها الباحث سليمان الطراونة في دراسته "أثر الضغوط الاجتماعية التي يتعرض لها الإداري في الأردن على القرارات التي يتخذها"[1]، والتي تتلخص بأن أهم الضغوط

1- سليمان الطراونة، "أثر الضغوط الاجتماعية التي يتعرض لها الإداري في الأردن على القرارات التي يتخذها"، رسالة ماجستير غير منشورة،كلية التربية،الجامعة الأردنية،عمان،1988.

التي يتعرض لها متخذ القرار في قطاع التعليم في الأردن تتمثل في الرؤساء والزملاء والحالات الاجتماعية والوضع العشائري والإقليمي.

الفرضية الثالثة: توجد فروق ذات دلالة إحصائية لتأثير ضغوط العمل (التنظيمية-الاجتماعية) ومستوى أداء الحكام الإداريين في الأردن وفقا للمتغيرات الديمغرافية:

ولاختبار هذه الفرضية قام الباحث بإجراء اختبار تحليل التباين ألاحادي (One Way Anova) لدراسة الفروق الإحصائية بين المتوسطات الحسابية لتأثير ضغوط العمل(التنظيمية-الاجتماعية) وفقا لكل متغير من المتغيرات الشخصية(المركز الوظيفي، العمر، سنوات الخبرة في وزارة الداخلية، سنوات الخبرة في مؤسسات أخرى، المؤهل العلمي، التخصص)، وذلك عند مستوى الدلالة الإحصائية $(\alpha \geq 0.05)$، وفيما يلي توضيح لهذه النتائج:-

أ-نتائج تحليل التباين الأحادي للفروق بين المتوسطات الحسابية وفقا لمتغير المركز الوظيفي

يوضح الجدول رقم (4-22) نتائج اختبار تحليل التباين الأحادي للفروق بين المتوسطات الحسابية لاستجابة الأفراد وفقا لمتغير المركز الوظيفي في مجال ضغوط العمل(التنظيمية-الاجتماعية).

164

جدول رقم (4-22)

تحليل التباين الأحادي لمتغير المركز الوظيفي

ضغوط العمل (التنظيمية-الاجتماعية)	مجموع المربعات	درجات الحرية	متوسط المربعات	قيمة ف	مستوى الدلالة
بين المجموعات	0.597	2	0.299	0.890	0.413
ضمن المجموعات	49.304	147	0.335		
المجموع	49.901	149			

يظهر من الجدول رقم (4-22) أنه لا توجد فروق ذات دلالة إحصائية بين المتوسطات الحسابية لـتأثير ضغوط العمل في مستوى أداء الحكام الإداريين تعزى لمتغير المركز الوظيفي، حيث أن قيمة (F) تساوي (0.890) وبدلالة إحصائية (0.413) أكبر من (0.05<α)، فإن ذلك يعني أن قيمتها غير دالة إحصائيا، لذلك نرفض الفرضية التي تنص "توجد فروق ذات دلالة إحصائية لتأثير ضغوط العمل (التنظيمية-الاجتماعية) ومستوى أداء الحكام الإداريين تعزى للمركز الوظيفي" ونقبل الفرضية العدمية التي تنص " لا توجد فروق ذات دلالة إحصائية لتأثير ضغوط العمل (التنظيمية-الاجتماعية) ومستوى أداء الحكام الإداريين تعزى للمركز الوظيفي"

ويعزى ذلك إلى تشابه العمل من حيث الظروف المحيطة بعملية اتخاذ القرار والمرجعية التشريعية والتنظيمية التي يعمل بها الحكام

الإداريين إضافة إلى وجود تشابه كبير في طبيعة ونوعية القرارات التي يتخذونها والجهات التي تقوم بتزويدهم بالمعلومات.

ب-نتائج تحليل التباين الأحادي للفروق بين المتوسطات الحسابية وفقا لمتغير العمر

يوضح الجدول رقم (4-23) نتائج اختبار تحليل التباين الأحادي للفروق بين المتوسطات الحسابية لاستجابة الأفراد وفقا لمتغير العمر في مجال ضغوط العمل(التنظيمية-الاجتماعية)

جدول رقم (4-23)

تحليل التباين الأحادي لمتغير العمر

ضغوط العمل (التنظيمية-الاجتماعية)	مجموع المربعات	درجات الحرية	متوسط المربعات	قيمة ف	مستوى الدلالة
بين المجموعات	0.491	2	0.245	0.730	0.484
ضمن المجموعات	49.410	147	0.336		
المجموع	49.901	149			

يظهر من الجدول رقم (4-23) أنه لا توجد فروق ذات دلالة إحصائية بين المتوسطات الحسابية لـتأثير ضغوط العمل في مستوى أداء الحكام الإداريين تعزى لمتغير العمر، حيث أن قيمة (F) (0.730) وبدلالة إحصائية (0.484) أكبر من ($0.05<\alpha$)، فإن ذلك يعني أن قيمتها غير دالة إحصائيا، لذلك نرفض الفرضية التي تنص "توجد فروق ذات دلالة إحصائية لتأثير ضغوط العمل (التنظيمية-الاجتماعية) ومستوى أداء الحكام الإداريين تعزى للعمر" ونقبل الفرضية العدمية التي تنص "لا توجد فروق ذات دلالة إحصائية لتأثير ضغوط العمل (التنظيمية-الاجتماعية) ومستوى أداء

الحكام الإداريين تعزى للعمر".

ويعزى ذلك أن اغلب الحكام الإداريين يقع ضمن الفئة العمرية(41-50) سنة وهذا يشكل ما نسبته (63.3%) مما يجعل عدم وجود فروق إحصائية تعزى لمتغير العمر.

ج-نتائج تحليل التباين الأحادي للفروق بين المتوسطات الحسابية وفقا لمتغير سنوات الخبرة في وزارة الداخلية

يوضح الجدول رقم (24-4) نتائج اختبار تحليل التباين الأحادي للفروق بين المتوسطات الحسابية لاستجابة الأفراد وفقا لمتغير سنوات الخبرة في وزارة الداخلية في مجال ضغوط العمل(التنظيمية-الاجتماعية).

جدول رقم (24-4)

تحليل التباين الأحادي لمتغير سنوات الخبرة في وزارة الداخلية

مستوى الدلالة	قيمة ف	متوسط المربعات	درجات الحرية	مجموع المربعات	ضغوط العمل (التنظيمية-الاجتماعية)
0.329	1.155	0.386	3	1.157	بين المجموعات
		0.334	146	48.744	ضمن المجموعات
			149	49.901	المجموع

167

يظهر من الجدول رقم (4-24) أنه لا توجد فروق ذات دلالة إحصائية بين المتوسطات الحسابية لتأثير ضغوط العمل في مستوى أداء الحكّام الإداريين تعزى لسنوات الخبرة في وزارة الداخلية، حيث أن قيمة (F) تساوي (1.155) وبدلالة إحصائية (0.329) أكبر من (α<0.05)، فإن ذلك يعني أن قيمتها غير دالة إحصائيا، لذلك نرفض الفرضية التي تنص "توجد فروق ذات دلالة إحصائية لتأثير ضغوط العمل (التنظيمية-الاجتماعية) ومستوى أداء الحكام الإداريين تعزى لسنوات الخبرة في وزارة الداخلية" ونقبل الفرضية العدمية التي تنص "لا توجد فروق ذات دلالة إحصائية لتأثير ضغوط العمل (التنظيمية-الاجتماعية) ومستوى أداء الحكام الإداريين تعزى لسنوات الخبرة في وزارة الداخلية"، ويعزى ذلك أن الغالبية العظمى من الحكام الإداريين تزيد خدمتهم عن(16) سنة وبنسبة (52%)، مما يجعل عدم وجود فروق إحصائية تعود لمتغير سنوات الخدمة في وزارة الداخلية.

د-نتائج تحليل التباين الأحادي للفروق بين المتوسطات الحسابية وفقا لمتغير سنوات الخبرة في مؤسسات أخرى

يوضح الجدول رقم (4-25) نتائج اختبار تحليل التباين الأحادي للفروق بين المتوسطات الحسابية لاستجابة الأفراد وفقا لمتغير سنوات الخبرة في مؤسسات أخرى في مجال ضغوط العمل(التنظيمية-الاجتماعية).

جدول رقم (4-25)

تحليل التباين الأحادي لمتغير سنوات الخبرة في مؤسسات أخرى

ضغوط العمل (التنظيمية-الاجتماعية)	مجموع المربعات	درجات الحرية	متوسط المربعات	قيمة ف	مستوى الدلالة
بين المجموعات	0.418	4	0.104	0.306	0.873
ضمن المجموعات	49.483	145	0.341		
المجموع	49.901	149			

يظهر من الجدول رقم (4-25) أنه لا توجد فروق ذات دلالة إحصائية بين المتوسطات الحسابية لتأثير ضغوط العمل في مستوى أداء الحكام الإداريين تعزى لسنوات الخبرة في مؤسسات أخرى، حيث أن قيمة (F) تساوي (0.306) وبدلالة إحصائية (0.873) أكبر من (0.05>α)، فإن ذلك يعني أن قيمتها غير دالة إحصائيا، لذلك نرفض الفرضية التي تنص "توجد فروق ذات دلالة إحصائية لتأثير ضغوط العمل (التنظيمية-الاجتماعية) ومستوى أداء الحكام الإداريين تعزى لسنوات الخبرة في مؤسسات أخرى" ونقبل الفرضية العدمية التي تنص "لا توجد فروق ذات دلالة إحصائية لتأثير ضغوط العمل (التنظيمية-الاجتماعية) ومستوى أداء الحكام الإداريين تعزى لسنوات الخبرة في مؤسسات أخرى"، ويعزى ذلك إلى أن الغالبية العظمى من الحكام الإداريين ممن تقل خدمتهم في الوزارات الأخرى عن (5 سنوات) أو لم يخدم في أية مؤسسة إطلاقا قد بلغت نسبتهم (73.3%)

وهذا ما يفسر عدم وجود فروق ذات دلالة إحصائية تعزى لمتغير الخبرة في مؤسسات أخرى.

هـ-نتائج تحليل التباين الأحادي للفروق بين المتوسطات الحسابية وفقا لمتغير لمؤهل العلمي

يوضح الجدول رقم (4-26) نتائج اختبار تحليل التباين الأحادي للفروق بين المتوسطات الحسابية لاستجابة الأفراد وفقا لمتغير المؤهل العلمي في مجال ضغوط العمل(التنظيمية-الاجتماعية)

جدول رقم (4-26)

تحليل التباين الأحادي لمتغير المؤهل العلمي

ضغوط العمل (التنظيمية-الاجتماعية)	مجموع المربعات	درجات الحرية	متوسط المربعات	قيمة ف	مستوى الدلالة
بين المجموعات	5.464	3	1.821	5.984	0.001
ضمن المجموعات	44.437	146	0.304		
المجموع	49.901	149			

يظهر من الجدول رقم (4-26) أنه توجد فروق ذات دلالة إحصائية بين المتوسطات الحسابية لتأثير ضغوط العمل في مستوى أداء الحكام الإداريين تعزى للمؤهل العلمي، حيث أن قيمة (F) تساوي (5.984) وبدلالة إحصائية (0.001) أقل من ($0.05 \geq \alpha$)، فإن ذلك يعني أن قيمتها دالة إحصائيا، لذلك نقبل الفرضية التي تنص "توجد فروق ذات دلالة إحصائية لتأثير ضغوط العمل (التنظيمية-الاجتماعية) ومستوى أداء

الحكام الإداريين تعزى للمؤهل العلمي"، ولبيان الفروق الزوجية بين هذه المتوسطات تم استخراج المقارنات البعدية كما هو موضح في الجدول رقم (4-27).

جدول رقم(4-27)

المقارنات البعدية لأثر المؤهل العلمي

المؤهل العلمي	الوسط الحسابي	بكالوريوس		دبلوم عالي		ماجستير		دكتوراه	
		قيمة ف	مستوى الدلالة	قيمة ف	مستوى الدلالة	قيمة ف	مستوى الدلالة	قيمة ف	مستوى الدلالة
بكالوريوس	3.16	---	--	--	--	--	--	-	--
دبلوم عالي	3.89	*0.73-	0.000	--	--	--	--	-	--
ماجستير	3.28	0.12-	0.721	*0.61	0.011	--	--	-	--
دكتوراه	3.52	0.36-	0.284	0.37	0.498	0.25-	--	-	--

تؤكد النتائج الواردة في الجدول رقم (4-27) ما ورد بنتائج الجدول رقم (4-26)، حيث تبين بأن هنالك فروق في إجابات المبحوثين والتي تعزى للمؤهل العلمي وعند مستوى ($0.05\geq\alpha$)، حيث نلاحظ وجود فروق بين حملة الدبلوم العالي وحملة البكالوريوس ولصالح حملة الدبلوم العالي بمتوسط حسابي (3.89)، كما أن هنالك وجود فرق ما بين حملة الماجستير وحملة الدبلوم العالي ولصالح حملة الدبلوم العالي وبمتوسط حسابي(3.89).

ويعود ذلك حسب اعتقاد الباحث أن جميع حملة الدبلوم العالي والبالغ عددهم (10) أفراد هم في تخصص العلوم التربوية وهذا

التخصص بعيد عن طبيعة عمل الحاكم الإداري الذي يتناول حفظ الأمن والنظام وتطبيق القانون، ومراقبة عمل الدوائر الحكومية ومتابعتها، وتصريف شؤون منطقته، بالإضافة إلى الدور التنموي في متابعة سير وتنفيذ المشاريع التنموية في منطقة اختصاصه.

و-نتائج تحليل التباين الأحادي للفروق بين المتوسطات الحسابية وفقا للتخصص

يوضح الجدول رقم (4-28) نتائج اختبار تحليل التباين الأحادي للفروق بين المتوسطات الحسابية لاستجابة الأفراد وفقا لمتغير التخصص.

جدول رقم (4-28)

تحليل التباين الأحادي لمتغير التخصص

مستوى الدلالة	قيمة ف	متوسط المربعات	درجات الحرية	مجموع المربعات	ضغوط العمل (التنظيمية-الاجتماعية)
0.313	1.202	0.400	4	1.601	بين المجموعات
		0.333	145	48.300	ضمن المجموعات
			149	49.901	المجموع

يظهر من الجدول رقم (4-28) أنه لا توجد فروق ذات دلالة إحصائية بين المتوسطات الحسابية لتأثير ضغوط العمل في مستوى أداء الحكام الإداريين تعزى لتخصص، حيث أن قيمة (F) تساوي (1.202) وبدلالة إحصائية (0.313) أكبر من ($\alpha > 0.05$)، فإن ذلك يعني أن قيمتها

172

غير دالة إحصائيا، لذلك نرفض الفرضية التي تنص "توجد فروق ذات دلالة إحصائية لتأثير ضغوط العمل (التنظيمية-الاجتماعية) ومستوى أداء الحكام الإداريين تعزى للتخصص" ونقبل الفرضية العدمية التي تنص "لا توجد فروق ذات دلالة إحصائية لتأثير ضغوط العمل (التنظيمية-الاجتماعية) ومستوى أداء الحكام الإداريين تعزى للتخصص".

ويعزى ذلك أن الغالبية من الحكام الإداريين وتشكل ما نسبته (74%) هم من حملة العلوم الإدارية والاقتصادية والقانونية، وهذا يتوافق مع طبيعة وظيفة الحاكم الإداري.

ولمعرفة قوة العلاقة ونوعها ما بين مجالات الدراسة المختلفة، قام الباحث باستخراج معامل الارتباط سبيرمان بين هذه المجالات وكما هو مبين في الجدول رقم(4-29).

173

جدول

جدول رقم (١ - ٢٩)

معامل الارتباط سبيرمان للعلاقة بين مجالات الدراسة المختلفة

المجال	عبء العمل	عملية اتخاذ القرارات	علاقات العمل	الاستقرار الوظيفي	بيئة العمل	الهيكل التنظيمي	العوامل التنظيمية	العوامل الاجتماعية	الأداء ككل
عبء العمل	١٫٠٠٠	**٠٫٣٦٤	**٠٫٢٩٣	**٠٫٣٢٨	**٠٫٢٣٦	**٠٫٤٠٦	**٠٫٥٧٥	**٠٫٤٤٣	**٠٫٥٧٢
عملية اتخاذ القرارات		١٫٠٠٠	**٠٫٥١٧	**٠٫٤٥٥	**٠٫٢٧٥	**٠٫٥٥٦	**٠٫٣٠٧	**٠٫٤٦٣	**٠٫٦٩٠
علاقات العمل			١٫٠٠٠	**٠٫٥٣٢	**٠٫٣٥٩	**٠٫٦٢٨	**٠٫٧٩٠	**٠٫٥٠٣	**٠٫٦٦٩
الاستقرار الوظيفي				١٫٠٠٠	**٠٫٣٦٣	**٠٫٦٠٥	**٠٫٥٧٣	**٠٫٤٤٩	**٠٫٧٣٢
بيئة العمل					١٫٠٠٠	**٠٫٣٦٤	**٠٫٤٢٢	**٠٫٣٣٩	**٠٫٥٠٥
الهيكل التنظيمي						١٫٠٠٠	**٠٫٨٥٠	**٠٫٦١٦	**٠٫٨٤٤
العوامل التنظيمية							١٫٠٠٠	**٠٫٦٩٩	**٠٫٩١٣
العوامل الاجتماعية								١٫٠٠٠	**٠٫٨٠٣
الأداء ككل									١٫٠٠٠

(**) دال إحصائيا عند مستوى الدلالة الإحصائية (α ≤ ٠٫٠١)

يتبين من الجدول السابق أن هناك علاقة ارتباط موجب بين العوامل المستقلة فيما بينها من جهة، وبين العوامل المستقلة والأداء من جهة أخرى، وهذه الارتباطات دالة إحصائيا عند مستوى دلالة ($\alpha \geq 0.01$)، حيث تراوحت قوة الارتباط ما بين(0.263-0.983) وهي تقع ما بين الدرجة المتوسطة والدرجة المرتفعة، وهذا يدل على أن هنالك ارتباط وثيق ومتبادل بين مجموعة العوامل التنظيمية والعوامل الاجتماعية وكل منها يعد سببا في ظهور الأخرى أحيانا فمثلا :

- ضغوط عبء العمل الناتج عن كثرة الأعمال والمهمات، يؤدي إلى زيادة الضغوط في عملية اتخاذ القرارات.

- ضغوط الهيكل التنظيمي المتعلق بالروتين في العمل، والمركزية في اتخاذ القرارات، وقلة تفويض الصلاحيات، يؤدي إلى زيادة ضغوط عبء العمل المتولدة عن مركزية اتخاذ القرارات وعدم المشاركة فيه.

- ضغوط علاقات العمل وخاصة فيما يتعلق بعدم تعاون مديري الدوائر في منطقة الاختصاص التي بحوزتهم البيانات والمعلومات، يؤثر بدوره على عملية اتخاذ القرار الملائم.

- ضغوط العوامل الاجتماعية مثل التوسط لإنجاز معاملات غير قانونية أو غير مكتملة وكثرة الزيارات والاتصالات تعيق عملية الأداء الجيد وتزيد من ضغوط العمل.

وهذه الأمثلة فإنها تؤكد بوضوح ما ورد في الإطار النظري لهذه الدراسة بأن العوامل المسببة للضغوط متنوعة ومتداخلة مما يثير مشكلة

175

فصل كل منها ودراسة تأثيرها، حيث يتعرض الفرد إلى ضغوط تأتي من مصادر مختلفة تعمل كل منها بشكل مستقل أو تتفاعل معا في تأثيرها على الفرد.

- النتائج

يتناول هذا الجزء من الدراسة عرضا لأهم النتائج التي تم التوصل إليها من خلال هذه الدراسة، والتي هدفت إلى معرفة ضغوط العمل وأثرها على أداء الحكام الإداريين في الأردن، حيث اشتملت الدراسة على مجالين هما العوامل التنظيمية والعوامل الاجتماعية بالإضافة إلى العوامل الشخصية(الديمغرافية) للحكام الإداريين، وعلى ضوء ذلك تم التوصل إلى النتائج التالية:

1-توجد علاقة ذات دلالة إحصائية ما بين ضغوط عبء العمل ومستوى أداء الحكام الإداريين في الأردن، حيث بلغ المتوسط الحسابي لهذا المجال (3.31) بدرجة تأثير متوسطة وقريبة من المرتفع، ويعزى ذلك إلى أن الحكام الإداريين يعانون من عبء عمل كمي ناتج عن كثرة الأعمال التي تتطلب الإنجاز في وقت محدد، وعبء عمل نوعي ناتج عن قلة التدريب على بعض الأعمال التي تتطلب طاقات ومهارات معينة لإنجازها.

2- توجد علاقة ذات دلالة إحصائية ما بين ضغوط عملية اتخاذ القرارات ومستوى أداء الحكام الإداريين، حيث بلغ المتوسط الحسابي لهذا المجال (3.19) بدرجة تأثير متوسطة وقريبة من المرتفع، ويعزى

176

ذلك لكثرة الضوابط المؤسسية التي تحكم عملية اتخاذ القرارات، وعدم توفر أدوات وتقنيات حديثة تساعد قي اتخاذ القرار في الوقت المناسب، إضافة إلى انفراد الرؤساء في اتخاذ القرارات.

3-عدم وجود علاقة بين ضغوط علاقات العمل ومستوى أداء الحكام الإداريين، حيث بلغ المتوسط الحسابي لهذا المجال (2.87) بدرجة تأثير متوسطة وقريبة من المنخفض، يعود ذلك أن صلاحيات الحاكم الواسعة والتي تحكمها قوانين وأنظمة وتعليمات، تفرض حكما إقامة علاقات تعاون مشتركة ما بين الرؤساء والمرؤوسين ومدراء الدوائر في منطقة الاختصاص.

4- توجد علاقة ذات دلالة إحصائية ما بين ضغوط الاستقرار الوظيفي وأداء الحكام الإداريين، حيث بلغ المتوسط الحسابي لهذا المجال (3.80) بدرجة تأثير مرتفع، ويعزى ذلك إلى عدم تناسب الرواتب والأجور والامتيازات الوظيفية مع حجم وطبيعة المسؤوليات الملقاة على كاهل الحكام الإداريين، إضافة إلى غياب المعايير الموضوعية والمحددة في تقييم الأداء، والتنقلات المزاجية التي لا تراعي مصلحة العمل والظروف الشخصية.

5-عدم وجود علاقة بين ضغوط بيئة العمل ومستوى أداء الحكام الإداريين، حيث بلغ المتوسط الحسابي لهذا المجال (2.77) بدرجة تأثير متوسطة وقريبة من المنخفض، ويعود ذلك ان معظم مكاتب الحكام الإداريين مستأجرة ومزودة بالمياه والكهرباء والتدفئة ومكيفة، وقد تم مؤخرا تأثيث كافة مكاتب الحكام الإداريين من قبل وزارة الداخلية.

177

6- توجد علاقة ذات دلالة إحصائية ما بين ضغوط الهيكل التنظيمي ومستوى أداء الحكام الإداريين، حيث بلغ المتوسط الحسابي لهذا المجال (3.17) بدرجة تأثير متوسطة وقريبة من المرتفع، ويعود ذلك إلى الروتين في العمل، والمركزية في اتخاذ القرارات، وعدم تفويض صلاحيات كافية لإنجاز العمل.

7- توجد علاقة ذات دلالة إحصائية ما بين ضغوط العمل الاجتماعية ومستوى أداء الحكام الإداريين، حيث بلغ المتوسط الحسابي لهذا المجال (3.43) بدرجة تأثير متوسطة وقريبة من المرتفع، ويعود ذلك إلى كثرة الوساطات والضغوطات لإنجاز معاملات غير قانونية أو غير مكتملة، وكثرة الزيارات الشخصية والاتصالات الهاتفية في مكان العمل، إضافة إلى الإشاعات والأقاويل التي يطلقها ذوي المصالح الخاصة لتشويه سمعة الحاكم الإداري.

8-أظهرت الدراسة بعدم وجود اختلاف في تأثير ضغوط العمل في مستوى أداء الحكام الإداريين، تعزى إلى المتغيرات الديمغرافية (المركز الوظيفي والعمر وسنوات الخبرة في وزارة الداخلية وسنوات الخبرة في مؤسسات أخرى والتخصص)، في حين هنالك اختلاف يعزى للمؤهل العلمي.

9-هنالك علاقة ما بين ضغوط العمل التنظيمية في مجالات (الاستقرار الوظيفي، عبئ العمل، عملية اتخاذ القرارات، الهيكل التنظيمي) ومستوى أداء الحكام الإداريين مرتبه على التوالي حسب أهميتها.

10- عدم وجود علاقة ما بين ضغوط العمل التنظيمية في المجالين (علاقات العمل، وبيئة العمل) ومستوى أداء الحكام الإداريين.

11- عدم توفر الهدوء والناتج عن ازدحام المراجعين في مكان العمل ضمن مجال بيئة العمل يؤثر على ألأداء بدرجة متوسطة وقريبة من المرتفع.

12- أن ضغوط العمل التنظيمية والاجتماعية والشخصية تؤثر سلبا في مستوى أداء الحكام الإداريين والتي يعد كل منها سببا في ظهور الأخرى والتي افترضها الباحث كمصادر ومسببات لضغوط العمل مرتبه حسب أهميتها على التوالي.

- التوصيات

في ضوء نتائج هذه الدراسة، فإن الباحث يوصي بما يلي:-

1- إجراء الدراسات العلمية لحجم العمل ووقت العمل الرسمي ليتم تحديد حجم العمل المناسب لوظيفة الحاكم الإداري، ومعالجة كثرة الأعمال والواجبات، والروتين الذي يسبب الضيق والمعاناة في إنجاز الأعمال والمهمات، ويرتبط بهذا الجانب تطوير وتبسيط إجراءات وأساليب العمل التي تحتاج إلى تبسيط وتطوير.

2- أشراك الحكام الإداريين في دورات تدريبية لتخفيف من عبء العمل النوعي الذي يتطلب مهارات معينة لإنجازه، وإطلاعهم على تجارب الدول الأجنبية والعربية في هذا المجال.

3- إعادة النظر في بعض التشريعات التي تنظم عمل الحاكم الإداري لإزالة ما يشوبها من غموض أو تعارض وتطويرها وتحديثها بما يتلاءم وطبيعة عمله، وتمكنه من اتخاذ القرارات بفاعلية وفي الوقت المناسب.

4-إعادة النظر في سلم الرواتب والأجور والحوافز التي يحصل عليها الحكام الإداريين بحيث تتناسب مع حجم الأعمال المكلفين بها وطبيعتها وضخامة المسؤوليات الملقاة على كاهلهم، لكي تتماشى مع الارتفاع المضطرد في تكاليف المعيشة.

5-زيادة نسبة تفويض الصلاحيات من الوزراء والمؤسسات العامة إلى المحافظين والحكام الإداريين للتخفيف من المركزية في اتخاذ القرارات، وتعزيز مبدأ اللامركزية الإدارية لاتخاذ القرارات بالسرعة المناسبة.

6-إعادة النظر بنظام تقييم الأداء المتبع، وان يتم تعيّن أو ترقية أو نقل الحكام الإداريين وفقا لمبدأ الكفاءة والجدارة ومصلحة العمل مع مراعاة الظروف الشخصية.

7- العمل على عقد مؤتمرات ومنتديات ثقافية للحكام الإداريين في الأردن على أن تعقد بشكل دوري من أجل استعراض المعوقات والمستجدات في العمل.

8- الحد من الوساطات والزيارات والاتصالات الشخصية وذلك من خلال اعتماد مكاتب للعلاقات العامة وخدمة الجمهور في المراكز الإدارية لتقليل المقاطعات التي تؤدي إلى إرباك الحاكم الإداري وتسبب له التوتر والضيق وبالتالي ينعكس على مستوى أدائه في العمل.

9-ان تقوم وزارة الداخلية بالتحقق من الشكاوى والإشاعات والأقاويل التي يطلقها ذوي المصالح الخاصة على الحكام الإداريين .

10-وضع أنظمة مناسبة تقوم بإلزام الحكام الإداريين باستخدام إجازتهم السنوية للراحة والترفيه من أجل تجديد نشاطهم، والحد من تأثيرات ضغوط العمل الناتجة عن بيئة العمل.

11-عمل دراسة لمعرفة مدى حاجة المراكز الإدارية من الكوادر البشرية والتقنيات الحديثة، من حيث العدد والمؤهلات المطلوبة لكل مركز إداري على أن تتناسب مع حجم العمل.

12-إجراء مزيد من الدراسات والبحوث الميدانية للتعرف على واقع ضغوط العمل التي يتعرض لها الموظفون العموميين في المجالات الأخرى غير الحكام الإداريين وتحليل أسبابها والعمل على تخفيفها أو الحد منها، وذلك بهدف رفع مستوى أداء الموظف العمومي وتقديم الخدمات للمواطنين بدرجة أعلى من الكفاءة والفاعلية.

182

A B S T R A C T

This study emerged from nature job the administrative governors in Jordan, as of the tasks and responsibilities delegated to them, most importantly, maintaining security and order, provide the various services of living in the area of specialty, which makes knowing the job stress that the administrative governors are facing of great importance that necessitate research and study.

The study was conducted on all of administrative governors in Jordan in the rank of (Region Governor, District Governor, Area Governor) totaling (191) administrative governors.

The study aimed at measuring the effect of the organizational job stress in the fields of (job stress, decision making process, work relationships, job stability, work environment, and organizational structure), and social stress (mediation, groups of pressure, visits, and personal contacts) at the level of administrative governors in Jordan. The study also aimed at knowing the range of difference of effects of job stress at the level of administrative governors in Jordan according to their demographic characteristics (job level, age, years of experience at the ministry of interior and other organizations, qualifications, and specialty).

183

To analyze the data of the study, and test the reality of its hypotheses, the statistical, descriptive and quantitative processors have been used, i.e., frequencies, percentages, medians, standard deviations, T-Test, ANOVA, and Spearman correlation factor.

The most important results can be summarized as follows:

1-There is a negative relationship between the organizational job stress related to (work stress, decision-making process, organizational structure, job stability, and organizational structure) and governors' level of achievement.

2- There is a relationship between the organizational job stress (work relationships, work environment) and governors' level of achievement.

3-There is a negative relationship between social job stress (mediation, groups of pressure, visits, and personal contacts) and governors' level of achievement.

4-There is no difference in the level of job pressure at governors' level of achievement in Jordan, attributed to demographic characteristics (job level, age, years of experience at the ministry of interior and years of experience at other organizations, and specialty, while there is a difference attributed to qualifications.

In light of these results, the researcher recommended the necessity of handling the load of work and missions, through simplifying the procedures and work methods, to review the legislations that govern the job of the governor, improve the cadre and incentives, review performance evaluation systems, reduce the centralization in decision-making, increase the rate of delegating responsibilities, adopt participation in decision-making, and limit mediations, visits, and personal contacts, through adopting public service office at the administrative centers.

186

قائمة المراجع

أ-الكتب

1-احمد صقر عاشور، إدارة القوى العاملة: الأسس السلوكية وأدوات البحث التطبيقي، الـدار الجامعية، الإسكندرية، 1986 .

2-احمد ماهر، السلوك التنظيمي: مدخل بناء المهارات، الإسكندرية، المكتب العربي الحديث،1986.

3-اندرو دي سيزلاقي ومارك جي والأس، السلوك التنظيمي والأداء، ترجمـة جعفـر أبـو القاسـم احمد، معهد الإدارة العامة، الرياض،1991.

4-جان ستورا، الإجهاد: أسبابه وعلاجه، ترجمة انطوان الهاشم، منشورات عويدات، بيروت،1997.

5-حسين حريم، السلوك التنظيمـي: سـلوك الأفـراد في المـنظمات، دار زهـران للنشر والتوزيـع، عمان، 1997.

6-خالد سماره الزعبي، القـانون الإداري وتطبيقاتـه في المملكـة الأردنيـة الهاشـمية، مكتبـة دار الثقافة والنشر والتوزيع، عمان، 1993.

7-رفاعي محمد رفاعي، السلوك التنظيمي، القاهرة، المطبعة الكمالية، 1988.

8-صبحي العتيبـي، تطـور الفكـر والأنشـطة الإداريـة، دار ومكتبـة الحامـد للنشـر والتوزيـع، عمان،2002.

9-عبد الرحمن بن احمد هيجـان، ضغوط العمـل مـنهج شـامل لدراسـة مصـادرها ونتائجهـا وكيفية إدارتها، معهد الإدارة العامة، الرياض،1998.

10-عبد الغني حنفي وآخرون، **محاضرات في السلوك التنظيمي**، مكتبة ومطبعة الإشعاع الفنية، القاهرة، 2002.

11-عبد المعطي عساف، **السلوك الإداري (التنظيمي) في المنظمات المعاصرة**، مطبعة جريدة الرأي، عمان، 1994.

12-علي السلمي، **إدارة الموارد البشرية**، دار غريب، القاهرة، 1997.

13-علـى الشـطناوي، **الإدارة المحليـة وتطبيقاتهـا في الأردن وفرنسـا**، المركـز العـربي للخـدمات الطلابية، عمان، 1994.

14-فؤاد الشيخ سالم وآخرون، **المفاهيم الإدارية الحديثة**، الطبعة الرابعة، مركز الكتب الأردني، عمان،1992.

15-كامل محمد المغربي، **السلوك التنظيمي: مفاهيم وأسس سلوك الفرد والجماعة في التنظيم**، ط2، دار الفكر للنشر والتوزيع، عمان،1995.

16-محسن الخضيري، **الضغوط الإدارية:الظاهرة، الأسباب، العلاج**، مكتبة مدبولي، القاهرة،1995.

17-محمد الحناوي وآخرون، **أساسيات السـلوك التنظيمـي**، الـدار الجامعيـة للطباعـة والنشرـ والتوزيع، الإسكندرية،1999.

18-محمد القريوتي ومهدي زويلف، **المفاهيم الحديثة في الإدارة**، الطبعة الثالثة، بدون مكان نشر، عمان، 1993.

19-محمد النجار، **إدارة الموارد البشرية والسلوك التنظيمي**، منشورات جامعة دمشق، دمشق ،1995.

20-محمد شهيب، **العلاقات الإنسانية :مدخل سلوكي**، الشركة العربية للنشر والتوزيع، القاهرة،1994.

188

21-محمود سلمان العميان, **السلوك التنظيمي في منظمات الأعمال**، دار وائل للنشر،ط2، عـمان 2004.

22-ناصر العـديلي، **السـلوك الإنسـاني والتنظيمـي: منظـور كـلي مقـارن**، معهد الإدارة العامـة، الرياض، 1995.

23-نانسي ويكسون، **تقويم الأداء وسيلة تحسين النوعية في تنمية الموارد البشرية**، ترجمة سامي الفرس، الرياض، معهد الإدارة العامة، الرياض، 1994.

ب:البحوث

1-احمد ماهر، "علاقة ضغوط العمل بالأداء"، **الإداري**، معهد الإدارة العامة، مسقط، العددان 45-46، 1991، ص ص295-327.

2-زهير الصباغ، "ضغط العمل"، **المجلة العربية للإدارة**، عمان، المجلد 5، العددان 1-2، 1981، ص ص 28-40.

3-زياد المعشر، "قياس وتحليل الولاء التنظيمي وضغوط العمل في الإدارات الحكومية في محافظات الشمال في الأردن"، **دراسات العلوم الإدارية**،الجامعة الأردنية ،عمان،المجلد 30، العدد 1، 2003 ،ص ص 164-182.

4-سـمير عسكر،"متغيرات ضغط العمـل:دراسـة نظريـة وتطبيقيـة في قطـاع المصـارف بدولـة الإمارات العربية المتحدة"، **الإدارة العامة**،معهـد الإدارة العامة،الرياض ،العـدد 60 ،1988 ص ص 7-66.

189

5-عبد الرحيم المير،"العلاقة بين ضغوط العمل وبين الولاء التنظيمي والأداء والرضا الوظيفي والصفات الشخصية:دراسة مقارنة "، **الإدارة العامة**،معهد الإدارة العامة،الرياض،المجلد 35، العدد2، 1995، ص 207-252.

6-عقلة مبيضين وربحي الحسن،"ضغوط العمل التي يواجهها موظفو الشؤون المالية في الإدارة المالية العامة الأردنية"، **مجلة أبحاث اليرموك**، سلسلة العلوم الإنسانية والاجتماعية، المجلد 16، العدد 3، 2000 ، ص 145-181.

7-علي العضايلة، "دراسة تحليلية لضغوط العمل لدى العاملين في الشركات العامة الكبرى في جنوب الأردن"، **مجلة مؤته للبحوث والدراسات**، المجلد 14،العدد 7، 1999، ص 113-145.

8-لطفي راشد، "نحو إطار شامل لتفسير ضغوط العمل وكيفية مواجهتها "، **الإدارة العامة**،معهد الإدارة العامة،الرياض، العدد 75، 1992، ص 69-95.

9-مؤيد السالم،"التوتر التنظيمي :مفاهيمه وأسبابه واستراتيجيات إدارته"،**الإدارة العامة**، معهد الإدارة العامة، الرياض، العدد 68، 1991، ص 79-95.

10-نائل العواملة، "تحليل ظاهرة الإجهاد لدى المديرين في الخدمة المدنية في الأردن" **مجلة أبحاث اليرموك**، سلسلة العلوم الإنسانية والاجتماعية، المجلد 10،العدد 4، 1994، ص 67-92.

11-وفية الهنداوي ،"استراتيجيات التعامل مع ضغوط العمل"، **الإداري**، مسقط ، العدد 58 1994، ص 89-132.

ج:الوثائق الرسمية

1-نظام التشكيلات الإدارية رقم (47) لسنة 2000، المنشور في عدد الجريدة الرسمية الأردنية رقم (4455) تاريخ 2000/9/17م.

190

2-نظام التقسيمات الإدارية رقم (46) لسنة 2000 المنشور في عـدد الجريـدة الرسـمية الأردنيـة رقم (4455) تاريخ 2000/9/17

3-نظـام التنظيـم الإداري لـوزارة الداخليـة رقـم (22) لسـنة 1996،المنشـور في عـدد الجريـدة الرسمية الأردنية رقم (4113) تاريخ 1996/3/23.

4-نظام الخدمة المدنية رقم(55) لسنة 2002 المنشور في عدد الجريدة الرسمية الأردنية رقـم (4550) تاريخ 2002/6/4.

د-الرسائل الجامعية

1-سليمان الطراونة، "أثر الضغوط الاجتماعية التي يتعرض لها الإداري في الأردن على القرارات التي يتخذها"،رسالة ماجستير غير منشورة،كلية التربية،الجامعة الأردنية،عمان،1988.

2-عواطف الشديفات، "ضغوط العمل وأثرها على أداء القيادات الإشرافية في مديريات التربية والتعليم في محافظة اربد"، رسالة ماجستير غير منشورة،كلية الاقتصاد والعلوم الإدارية ،جامعة آل البيت ،المفرق،الأردن، 1999.

3-قاسم مهيدات، "عملية اتخاذ القرارات الإدارية لدى الحكام الإداريين في المملكة الأردنية الهاشمية"، رسالة ماجستير غير منشورة،كلية الاقتصاد والعلوم الإدارية ،جامعة آل البيت المفرق،الأردن ،2004.

4-محمد الزعبي، "ضغوط العمل لدى المديرين في جهاز الخدمة المدنية في عمان الكبرى"، رسالة ماجستير غير منشورة، كلية الدراسات العليا،الجامعة الأردنية،عمان،1997.

5-مراد الكاساني، "اثر ضغوط الوظيفة على الولاء التنظيمي :دراسة حالة معلمي المدارس الحكومية في محافظة الزرقاء"، رسالة ماجستير غير منشورة،كلية الاقتصاد والعلوم الإدارية، جامعة آل البيت المفرق،الأردن، 2001.

191

6-نعيم العبد داود،"مصادر ضغط العمل التي يتعرض لها العاملون في المصارف التجارية العاملة قي الأردن"، رسالة ماجستير غير منشورة،كلية الدراسات العليا،الجامعة الأردنية،عمان،1991.

- BIBLIOGRAPHY:

A: BOOKS

1-A.Kormhauser,**Amental Health Of The Industrial Worker** ,New York:Wiley,1965.

2-Baron.Robert,**Behavior In Organization,**Mass Allyn &Bagon,1983.

3-F.Luthans,**Organizational Behavior**,New York Mcgraw-Hill Book , Commpany , 1985.

4-**H.Kahn & C.L.Cooper** ,Stress In The Dealing Room : High Performers Under Pressure , **London , Routledge , 1993.**

5-Hans Seley,**The Stress Of Life**,Newyork:McGraw-Hill,1976.

6-J.C.Quick And J.D Quick,**Organizational Stress And Preventive Management** , Newyork , Mcgraw-Hill Book Commpany.

7-J.Killy,**The Executive Time And Stress:Management Program**,Nj:Alexander Hamilton Institute,Inc.,1994.

8-John M.Ivancevich And Michael ,Matteson,**stress and work:Amanagerial perspecltve**,(glen view,1l scott foresman ,1980.

9-John M.Ivancevich,Michael ,T.Matteson,**Organization Behavior &Management** ,4th Ed.Irwn Book Tream Inc,Chicago,1996.

10-R.S.Lazarus,**Psychological Stress And Coping Process** New York :Mc Graw Hill,1966.

192

11-Szilgay,M.Wallace,**Organization Behavior And Preformance** ,Llionis: Foresman , And Company , 1987.

B: ARTICLES:

1-Brodzininski,J.,Scherer ,R.& Grayer,K."Work Place Streess", **Personnel Administration,** Vol .7 , No.2 , 1994 ,p.77.

2-C. Weiman,"A Study Of Occupational Stressors And The Incidence Of Disease/Risk",**Journal Of Occupational Medicine,**Feb,1977,pp 119—220.

3-Chusmir .Leonard & Durand Douglas ,"Stress And Working Woman " , **Personnel(S)** , 1987 PP38-43.

4-Elizabeth-Smith Hipps & Halpin-Glennelle, "Job Stress,Stress Related To Performance –Based Accreditation Locus Of Control,Age,And Gender As Related To Job Satisfaction and Burnout In Teachers And Principals" ,**Papar Presented At The Annual Meeting Of The Mid-South Education Research Association,** (Lexington,Ky,November 13-15,1991),Yarmouk Unversity Data –Base.

5-Golembiewski,Robert etal, "Estimates Of Burnout in Public Agencies" , **Public Administration Review** , Vol.58.No.1 (January/February),1998,pp 59-65.

6-John Schaubroec,& Deryl E. Merritt,"Divergent Effect of Job Control on Coping With Work Stressors:The Key Role Of Self-Efficacy",**The Academy Of Management Journal** , Vol.40 , No3. June,1997,pp 732-754.

7-Newton &Keenan,"Coping With Work Related Stress",**Human Relations Journal** , Vol.38 , No.2 , 1985.

8-S-Kobasa,"Stressful Life Events:Personality And Health",**Journal Of Personality And Social Psychology**(37),1979,P.9.

9-Schnall ,Peter L.,Etal ,"Relationship Between Job Strain,Workplace Diastolic Blood Pressure,And Left Ventricular Mass Index",**Journal**

Of The American Medical Association Vol. 263 ,No. 14 (April 11) , 1990,Pp1929-1935.

10 Savery,Lawson & Hall .Kenneth,"Stress Management",**Management Decision**(6),1987,PP 29-35.

11-Tipgos.Manuel.,"The Things That Stress Us",**Management World**,June-August,1987,PP 17-18.

Printed in the United States
By Bookmasters